ちくま学芸文庫

モーセと一神教

ジークムント・フロイト
渡辺哲夫 訳

筑摩書房

目次

第二部

モーセと一神教

訳者まえがき

巨大な思想は、いかなる意味においても、完結することがない。大きな謎を残して思想家は死んで行く。フロイトが創始した精神分析も、思想史上、永遠に里程標であり続ける学問である。

フロイトによって無意識という謎が解かれたのではない。無意識という謎が〈発見〉されたのである。この点はよくよく考えられなければならない。と言うのも、フロイトの思想もフロイトという極めて特異な人物の問題も、あたかも解決済みであるかのような錯認が流布していると思われるからである。精神分析は精神医学、心理学、一部の人文科学に独占され、小さな応用問題の提出とそれにふさわしい小さな答えが反響し合うだけの領域と化してしまっている。カール・G・ユングからジャック・ラカンに至る注目すべき研究者たちも、この領域限定を破壊するほどの力は示しえなかった。フロイトが残した最大の謎は、解明されつつあるのではなく、まるで存在しなかったかのように無視され、消去されつつある。

この最大の謎こそフロイト自身が命賭けで書いた『モーセと一神教』のなかに秘められているものなのである。フロイトを語る人はモーセに言及しない。モーセを論じる人はフロイトを一顧だにしない。聖書研究家がフロイトを無視するのは仕方がないことかもしれない。宗教的な人びとには妄説と思われても不思議でない事柄が書かれているのだから。しかし、精神分析を、あるいはフロイトを研究する人びとのモーセ論無視は理解に苦しまざるをえない。臨床的実践に役立たないから、との言いわけは一理あるが、安易なもので、批判するほどの価値も持たない理由だろう。モーセ論無視の深刻な理由は、おそらくこれを熟読した精神分析家たちは抑圧してしまっているのだろうが、モーセ論に深入りすると精神分析という学の存立そのものが危うくなるという事情にある。

「歴史に向かい合うフロイト」と題した小論でやや詳しく述べるのでここでは敢えて触れないが、この危機的事態はフロイト自身の〈歴史意識〉の大きな動揺に由来している。非・特殊人間的な生命の流れを検証する歴史意識に基づいて建築されたフロイトの合理的体系が、特殊人間的・特殊人格的な「精神」を想起せんとする歴史意識の覚醒によって崩壊の危機に瀕しているのである。

フロイトが壮年期から初老期にかけて造りあげた体系のみを信じて仕事をし生活している世の精神分析家たちにとって、モーセ論は、命とりになりかねない危険文書となろう。この書は無視されて当然の、いや、世の精神分析家が無視しなければ生活できなくなるほど危険な存在なのだ。

このような書を公表したフロイトという人物の大きさと誠実にはただただ頭のさがる思いであるが、彼の孤独な苦悩はわれわれの想像を絶していたことだろう。

それゆえ、『モーセと一神教』は、フロイトの全著作のなかで、まったく別格的な、異物の如きものとなる。彼の全集にまったく無神経に収録されていること自体、私には、不自然に思われる。全集に入れて平然としているほどの暢気さが私には理解できない。『モーセと一神教』はこれまで二度邦訳されている（土井正徳・吉田正己訳『人間モーセと一神教』、フロイト選集、第八巻、日本教文社、一九五四年、八七―三〇三ページ。森川俊夫訳『人間モーセと一神教』、フロイト著作集、第一一巻、人文書院、一九八四年、二七一―三七六ページ）。いずれも労作であり、教えられることも多かった。

しかし私は敢えて三度目の邦訳を試みた。すでに述べたように、この書は、フロイトの全著作のなかで、まったく別格的であって、他の著作と並べられるものではないと知ったからである。最晩年に至って、言わば〈死を賭けた跳躍《サルト・モルターレ》〉を敢行した巨大な思想家の文章がその前後で同質であるはずはないだろう。これはエスからモーセへの、おのれの生涯の業績を否定するかもしれない、われわれの共感をも拒否する孤独と苦しみにおいてなされた、まさしくサルト・モルターレと言うしかない荒技であったわけであるから、その様相が文章に表れていないはずもあるまい。

フロイトという極めて特異な男の、奇怪とも言うべき文章から立ち現れてくる不気味な雰囲気を伝えるためには、既製周知の精神分析の文体を継承するわけには行かなかった。文章のリズム、論の進行速度、論の飛躍の意味、論の途絶の意味、論の反復の意味、すべてが考慮されなければならなかった。書かれている文字と書いているフロイトの心の調和も乖離もまざまざと思い浮かべて翻訳しなければならなかった。要するに、私は、『モーセと一神教』を書いているフロイトの、刻一刻と揺れ動き続ける心を、できるだけ読みやすい日本語の文章に再現しようと試みたのである。

フロイトという男と精神分析が等号で結びつけられないこと、この不等式にこそ二〇世紀を代表する思想の底知れず深い謎が明瞭に現れ出ていることが読者に伝わるならば、幸甚である。

本文は Sigmund Freud: Der Mann Moses und die monotheistische Religion. Verlag Allert de Lange, 1939. の全訳である。翻訳にあたっては、Gesammelte Werke, XVI, Sechste Auflage, S. Fischer Verlag. 1981. を用いた。

訳文のみならず、解題として書いた拙論をも推敲してくれた稲庭恒夫氏、かなり厄介な事情を背負っているこの本の刊行に理解を示してくれた日本エディタースクール出版部の方々に心からの感謝の意を表したい。

一九九八年九月二日

渡辺哲夫

Ⅰ　モーセ、ひとりのエジプト人

ある民族の子孫たちが最大の存在と見なし誇りに思っている人間に対して不遜な論難を加えるなどということは、決して、好きこのんで、あるいは軽率に企てられるべきではない。とりわけ、自身がその民族に属している場合はなおさらであろう。しかしながら、いわゆる民族的利益のために真理をないがしろにすることは、そのような先例があるにもせよ、避けるべきである。さらに、事態の解明によって、われわれの認識の深化に役に立つ収穫が、実際、期待されてもよい。

モーセ Moses という男は、ユダヤ民族の解放者にして立法者であり、宗教創始者でもあったわけであるが、あまりにも遠い過去の存在であるゆえ、彼が歴史的に実在した人物であるのか、それとも、伝説の産物であるのか、という先決問題は避けて通れない。もし彼が現実に生きていたとするなら、紀元前一三世紀、あるいはまた、紀元前一四世紀のことであった。彼に関して、われわれは、聖書とユダヤ人によって記録された伝承からのもの以外に、いかなる認識も持ちあわせていない。このようなわけであるから、最終的に確実な断案など下しえないわけであるが、しかしながら、圧倒的多数の歴史家は、モーセは実在したと、そして、彼の実在と不可分のエジプト脱出も実際に起こったのだと言明している。もしもこの前提が容認されないのであれば、そののちのイスラエルの民の歴史は理解できないであろう、という妥当な主張がここにはある。実際のところ、こんにちの科学は、総体として慎重になってきており、口碑伝承を、歴史検証の学の初期におけるよりも遥かに大切に取り扱っている。

モーセという人物に関してわれわれの関心を惹く最初の点は、ヘブライ語でモシェMoscheと発音される彼の名前である。以下のような問いが生じうるであろう。この名前はどこに由来するのか？　この名前は何を意味するのか？　周知のように『出エジプト記』第二章の文章はすでにひとつの答えを示している。そこには、ナイル河に棄てられた小さな男の子を救ったエジプトの王女が、語源学的な根拠に基づいて彼にこの名前を与えたと記されている。「私は彼を水から引き上げたのですから」と。しかし、この説明はまったく不十分である。「「水から引き上げられた者」という聖書上のこの名前の解釈は民間語源学によるものであって、これは、ヘブライ語の能動形（「モシェ」はせいぜいのところ「引き上げる者」しか意味しえない）と一致させることができない」と『ユダヤ辞典』*の著者のひとりは判断している。この否定的見解は、そのほかの二つの理由によっても支持される。その第一は、エジプト王女にヘブライ語由来の名づけを委ねることの馬鹿らしさであり、そして第二は、子供が引き上げられた水がナイル河の水であったとは到底考えられない点である。
＊『ユダヤ辞典』ヘルリッツ、キルシュナー編、第四巻、一九三〇年、ユダヤ出版、ベルリン。
ともかく、モーセという名前がエジプト語に由来するとの推定は、以前から、さまざまな方面より言明されてきた。このような意見を述べたすべての研究者を列挙するまでもな

いだろうから、私は、J・H・ブレステッドの一冊の新しい本のなかから適当な箇所を翻訳して引用しておくことにしたい。* この著者の『エジプトの歴史』(一九〇六年)は権威あるものと評価されている。「彼の(この指導者の)名前モーセがエジプト語であったことは注目に値する。エジプト語のモーセ mose はただ単に「子供」の意に過ぎない。これは、たとえば、アメン・モーセ Amen-mose つまりアモンの子供、あるいは、プター・モーセ Ptah-mose つまりプターの子供というような、より完全な名前の省略短縮形に過ぎない。しかもこの名前ですらも、アモン(が授けたひとり)の子供、あるいはプター(が授けたひとり)の子供という、より一層長い文章的表記が省略短縮されたものである。「子供」という名前は、ほどなく、冗長な完全形の名前の妥当な代用物となった。そして実際「モーセ」という名前はエジプトの記念碑の文字のなかに希ならず存在している。モーセの父親も彼の息子にプターとかアモンなどと結びついた名前を与えたのは間違いないが、これら神々の名前は日常の生活のなかで徐々に脱落して行き、この小さな男の子は簡単に「モーセ」と呼ばれるようになった(モーセ Moses という名前の最後の「s」は旧約聖書のギリシャ語への翻訳に際して付けられた。これは、この名前を「モシェ Mosche」と発音するヘブライ語とは縁がない)。」以上の箇所を私は逐語的に翻訳し提示したが、この文章の個別的詳細に至るまで責任を共有するだけの準備はしていない。また、ブレステッドが、名前を列挙するにあたって、エジプト王の名前の一覧表に見られる神々に由来する類似の名前をまったく無視した点は、私には少し奇妙に思われる。たとえば、アー・モーセ Ah-mose、トゥト・モーセ Thut-mose（トトメス Tothmes）、さらに、ラー・モーセ Ra-mose（ラムゼス Ramses)。

＊『良心のあけぼの』ロンドン、一九三四年、三五〇ページ。

さて、ここまでくると、モーセという名前をエジプト語と見なした多くの研究者のなかの誰かひとりくらいは、エジプト語の名前の持ち主はまさしくエジプト人であったに相違ないと結論した、あるいは少なくともその可能性を考えた、と思われるであろう。こんにちでは、現に一個人がひとつの名前だけではなく二つの、姓と名とを帯びていても、また、新たな条件の下での名前の変更や修正がないわけではないとしても、われわれは、エジプト語の名前の持ち主はエジプト人であるという結論をためらいもなく承認する。たとえば、詩人シャミッソーはフランス人であり、ナポレオン・ボナパルトはそうではなくてイタリア人であり、ベンジャミン・ディズレーリはその名前が示すように間違いなくイギリスのユダヤ人であると確言されても、われわれは決して驚かない。そして、十分に考えられるわけだが、古い昔の時代にあっては、名前からその民族的帰属をこのように結論づけることは、いまより遥かに確実であったに相違なく、実際に異論の余地がないと思われたであろう。しかしながら、私の知る限りでは、モーセの場合、歴史家たちは誰ひとりとしてこのような結論を引き出すことがなかった。さらに、まさしくブレステッドもそうなのであるが、モーセは「エジプトのありとあらゆる知恵」に精通し親しんでいたと想定してもよいと考えた歴史家たちのなかにも、このような結論を引き出した者はひとりもいない。*

* 前掲書、三三四ページ。太古の時代から現代に至るまで、モーセはエジプト人であったとの想定が名前に関する問題を引き出すことはなかったにもせよ、頻りと述べられてきたにもかかわらず。

歴史家たちの歩みを妨害したのが何であったのか、これを明瞭に理解することはできない。おそらくは、聖書の伝承に対する畏敬の念に打ち勝てなかったのであろう。おそらくは、モーセという男がヘブライ人以外の何者かであったろうと考えることが途方もなく恐ろしいと思われたのであろう。いずれにしても、エジプト語の名前であると認めることがモーセの血統を判断するにあたって決定的とは見なされていない事実、また、その名前からさらなる結論がまったく導き出されていない事実は明白である。もしも、この偉大なる人物の民族性に関する問いが意味深いものと見なされるのであれば、その解答に役立つ新たな素材を示すことが、おそらくは望ましいであろう。

私のこの小さな論文は、まさにこの新たな素材の提示を目的としている。この小論が雑誌『イマーゴ』に掲載されるべき理由は、これが精神分析のひとつの適用を主旨としている点にある。このような議論が、分析的思考に親しみ、その成果を正当に評価する心得のある少数の読者にのみ何らかの印象を与えるだけであるのはほぼ間違いあるまい。しかし、この議論は、この少数の読者には、おそらく、意味深いものと思われるであろう。

一九〇九年、O・ランクは、当時はまだ私の影響下にいたが、私の提案に基づいて、『英雄誕生の神話』と題する論文を公表した。* この論文は、「ほとんどすべての主な文化的民族は……早い時代から、彼らの英雄、伝説的な王や君主、宗教の開祖、王朝、帝国および都市の創始者、要するに彼らの国民的英雄を、詩や伝説のなかで讃美」してきたという事実を取り扱っている。「彼らは、とりわけこれらの人物の誕生そして幼少のときの出来事に幻想的な特質を賦与しており、その特質の驚くばかりの類似性、いや、それどころか、時によっては遠く隔たっていてまったく無関係なさまざまの民族のあいだに存する、部分的にもせよ逐語的な共通性は、以前から知られており、多くの研究者たちに注目されてきた」。ここでランクの先駆的な仕事に添って、たとえばゴールトンの方法を真似して「標準伝説」を構成してみるならば、これは、これらすべての物語の本質的な諸特徴を際立たせてくれるわけであるが、以下のような図式的観念が得られる。

* 『応用心理学雑誌』第五冊、Fr・ドイティケ、ヴィーン。この研究に対するランクの独自の寄与の価値をおとしめる気持ちなど私には毛頭ない。

「英雄はきわめて高貴な両親の子供、たいていは王子である。

彼の誕生に先立って、禁欲生活、あるいは長期の不妊、あるいは外的な力による禁止や妨害の結果としての両親の密会などの困難がある。妊娠期間中に、あるいはそれよりも早く、彼の誕生を警戒するようにとの告知（夢、神託）が現れる。これは、たいていの場合、父親にとっての危険を告げる脅威的なものである。そのため、生まれたばかりの子供は、たいていの場合、父親あるいは父親を代理する人物の指示によって、殺されるか棄てられる定めとなるが、常のことのように、子供は小さな箱のなかに入れられ水に流される。ついで、その子供は、動物あるいは身分の卑しい人（牧人）によって救われ、牝の動物あるいは身分の卑しい女性によって乳を与えられる。

成人するに至って、かつてのその子供は、波瀾万丈の道を辿って高貴な両親に再会し、一方では父親への復讐を遂げ、他方ではその真の素性を認められ、偉大な権力と栄光を得る。」

このような誕生神話が直接的に当てはめられる歴史上最古の者はアーガテのザルゴン、すなわちバビロンの創設者（紀元前二八〇〇年ころ）である。彼自身によるとされる言葉をここに再録するのは、ほかならぬわれわれの研究にとって益なきことではない。

「ザルゴン、強大なる王、アーガテの王、それは余である。余の母は斎女であった。余の父を余は知ることがなかった。余の父の兄弟は山岳に棲んでいたとのことであるが。ユーフラテス河畔にある余の町アッピラニで母、その斎女は余を身ごもった。彼女は密かに隠れて余を生んだ。彼女は余を葦の小箱に入れ、小箱の蓋を瀝青で閉じ、余を河の流れに委ねた。余は溺れなかった。流れは余を、水汲み男アキのところに運んだ。水汲み男アキは、優しい心で余を水のなかから救い上げた。水汲み男アキは、余を彼自身の息子として育てた。水汲み男アキは余を彼の庭番とした。庭番であった余をイシュタールは愛し、余は王となり、そして四五年間にわたって、王として国家を統治した。」

アーガテのザルゴンとともに始まる系譜のなかでわれわれに大変馴染み深い名前は、モーセ、キュロス、そしてロムルスである。しかし、ランクは、そのほかにも、膨大な数の詩あるいは伝説のなかに登場する英雄像を総括しており、そこにも、全体において、あるいは部分的にでも、明瞭にそれと分かるかたちで、同じような幼少時代の物語が繰り返し現れている。すなわち、オイディプス、カルナ、パリス、テレポス、ペルセウス、ヘラクレス、ギルガメシュ、アムピオーン、ゼートス、など。

これらの神話の源泉となる典拠と物語の筋の流れ方は、ランクの調査によって、われわれの知るところとなった。この点に関して、私は、簡潔に輪郭を描くだけでよいだろうと思う。英雄とは、彼の父親に向かって勇気をもって反抗して立ち上がり、最後には父親に圧倒的な勝利をおさめた者である。このかたちの神話は、この闘争を、個としての人間の太古時代に至るまで追跡しているのであり、子供は父親の意に反して生まれ、父親の悪意に抗して救済される筋立てになっている。小箱のなかへの遺棄は、紛れもなく誕生の象徴的描写であり、小箱は子宮の、河の流れは羊水の象徴的描写である。無数の夢のなかでも、両親＝子供＝関係は、水のなかから引き上げることとして、あるいは水のなかから救い出すこととして描かれている。もし仮に、ひとりの比類なく卓越した人物に対して民族全体の幻想が先に述べた誕生神話を付与したとするならば、それはすなわち、民族全体の幻想がその人物を通じて英雄を見ようと欲しているのであり、その人物が英雄の人生の図式を満たしていたという事実を知らせようと欲していることになろう。それはともかく、ありとあらゆる詩篇の源泉はいわゆる子供の「家族小説」であって、このロマーンのなかで、息子は両親とりわけ父親に向かう彼の感情的な関わりかたの変化に敏感な反応を示す。早期幼年時代は父親に対する崇高な過大評価に満たされており、それに応じて夢やメルヒェンに現れる王様とお妃様は必ずと言ってよいほど両親を意味しているのだが、しかし、のちになると、ライヴァル関係の影響や現実的な幻滅のなかで、両親からの分離および父親に対する批判的かつ危機的な態度が取って代わるように現れる。神話のなかの二つの家庭、高貴な家庭と卑賤な家庭は、それゆえ、自身の家庭の二様の映像なのであり、これらは、子供にとって、移り行く人生のなかで生じてくる。

以上のような説明によって、英雄誕生の神話が広範に伝播しているわけも同質であるわけも十分に理解されると主張してもよいだろう。

われわれは、二つの家庭、つまり、そのあいだで子供の運命にまつわる伝説が展開される二つの家庭から論じ始めよう。分析的解釈のなかで二つの家庭の区別が崩れ去って一致してしまい、ただ時期的にのみ互いに区別されるに過ぎない事実を、われわれは知っている。定型の伝説において、子供が誕生する最初の家庭は、高貴な、たいていは王家の環境である。子供が成長する第二の家庭は卑賤な、あるいは落ちぶれたものだが、解釈が溯っていくべき源泉としては、こちらのほうがふさわしい。ただオイディプス伝説においてのみ、この区別は失われている。ここでは、ひとつの王家から遺棄された子供が別の王家によって受け容れられている。しかし、この例においても伝説のなかの二つの家庭の根源的な同一性がほのかな光がちらつくように示されているのは偶然ではないだろう。二つの家庭の社会的な貴賤というコントラストは、われわれが既に知っている通り、偉大な男の英雄的な本性を強く示す力を神話に与えているが、またさらに、とりわけ歴史的な人格を意義深くする機能を神話に与えている。このコントラストは、さらに、英雄のために、高貴さの証明書を創出し、彼を社会的に崇高にするためにも利用されうる。それゆえ、たとえば、キュロスはメディア人にとって異邦人たる征服者であるが、遺棄伝説の道筋を通って彼はメディア王の孫となる。ロムルスの場合も似ている。彼と見なしてよい人物が歴史上存在していたならば、その者は流れ者あるいは成り上がり者だったが、伝説によってアルバ・ロンガ王家の子孫にして後継者とされる。

モーセの場合、事情はまったく異なっている。モーセの場合、通常は高貴であるはずの最初の家庭は大変慎ましやかである。彼はユダヤのレビ族の子供である。しかし第二の卑賤な家庭は、通常はここで英雄が育つわけだが、エジプトの王家となっていて、王女が彼を自分の息子として育てる。このような定型からの逸脱は多くの人びとに奇異の念を抱かせることになった。Ed・マイヤーおよび彼に続く研究者たちは、この伝説は元来は異なる内容を持っていたと想定している。すなわち、ファラオが予言的な夢[*]によって、彼の娘が生むひとりの男児が彼と王国に危険をもたらすと警告される、そこで彼はその子供を生後すぐにナイル河に棄てさせる、しかしその子供はユダヤ人によって救われユダヤの子供として育てられる、という内容を持っていたと。ランクが言う「民族的動機」[**]によって、この伝説はわれわれに周知のかたちへと改造されたのだ、と。

* フラフィウス・ヨセフスによる報告のなかでも論じられている。

** 前掲書、八〇ページ、注。

しかしちょっと深く考えれば分かるだろうが、他の定型から逸脱していない右に示されたような元来のモーセ伝説など成り立ちうるはずもない。なぜなら、この伝説はエジプト起源かユダヤ起源かのどちらかであるが、エジプト起源ということは論外である。エジプト人にとってはモーセの栄光を讃美する動機などまったくない。モーセは彼らにとって決して英雄などではないからだ。それゆえ、この伝説はユダヤ民族のなかで創られた、つまり、周知の形式をとって指導者たる人物に結びつけられた、と考えるべきだろう。しかしながら、目的という点で見るならば、この伝説はまったく不適切であった。実際、民族にとっての偉大なる男を異民族出身者にしてしまうような伝説のいったい何がその民族にとって有用なのであろうか？

こんにちわれわれが目の当たりにしているモーセ伝説のかたちにおいては、この伝説は、奇妙な様式を持っているゆえに、その秘められた意図を示すに至っていないと考えざるをえない。もしモーセが王家出身でないならば、この伝説は、彼に英雄の刻印を押すことができまい。もし彼がはじめからずっとユダヤ人の子供であるならば、この伝説は、彼を崇高な存在にするような働きを何ひとつしていないだろう。この神話全体のほんの一部分のみが、この子供が勇気をもって強大な外的威力に抗して闘ったことを証言しているだけに過ぎず、このような話の筋はイエスの幼年時代の物語も繰り返しているわけで、イエスの場合、ファラオの役割をヘロデ王が引き受けているだけの話である。事情がこのようであるゆえ、のちの世の誰か知らぬが、伝説素材の不器用な改作者が彼にとっての英雄モーセのために言わば古典的な、英雄を英雄たらしめる遺棄伝説と似た物語を持ち込むという誘惑に負けたのだ、だがしかし、特殊な事例であったがゆえにモーセにしっくりと馴染まなかったのだ、と考えることは実際可能であろう。

このような不十分かつ不確実な結論でもってわれわれの研究は満足しなければなるまいし、また、モーセがひとりのエジプト人であったか否かという問いに対して答えを出すことも全然できなかったと言わざるをえない。しかし、ここには、遺棄伝説の意義を認めるためのもうひとつの、多分もっと期待されてもよい道がなお残されている。

神話のなかに現れる二つの家庭に話題を戻してみよう。分析的解釈の水準においては二つの家庭が同一であること、神話の水準においては二つの家庭が高貴なものと卑賤なものとに区別されることをわれわれは知っている。しかし歴史上の人物が問題になるとき、しかもその人物に神話が結びついてしまっているとき、そこには第三の水準、すなわち現実の水準があることを考えなければなるまい。そうであるならば、ひとつの家庭は、そこでその人物、偉大なる男が実際に生まれ育った現実の家庭になる。もうひとつの別の家庭は、虚構のもの、神話が意図するところに従って神話によって捏造された家庭となる。そして通常の場合、現実の家庭は卑賤な家庭と、捏造された家庭は高貴な家庭と重なり合う。モーセの場合、何かしら別の事情が存するように思われた。ここまでくるならば、検証されうる一切の事例を考慮しても、子供を遺棄した最初の家庭は捏造されたものであり、子供を拾い育てる別の家庭は、しかし、現実の家庭であるということを、新しい視点が解明してくれるだろう。もしも、われわれが、この命題において、モーセ伝説をも包含するような普遍性を認める勇気を持つならば、モーセはひとりの——おそらくは高貴な——エジプト人であり、伝説によってユダヤ人へと変造されるべく運命づけられていた、という経緯が一気に明瞭になってくる。これがわれわれの結論だと言ってもよかろう！　河のなかへの遺棄は確かにあったが、新たな伝説の勢いにふさわしいものとするために、その意図は、放棄することから救いの手を差しのべることへと、かなりの無理を犯してまでも歪曲されなければならなかったわけである。

標準的な伝説からのモーセ伝説の逸脱は、しかし、モーセ物語のもつ特殊性にもその原因を帰すことができよう。通常の場合、英雄は、その人生の経過のなかで彼の卑賤な出発点を乗り越えて崇高になって行くのであるが、モーセという男の英雄的な生涯は、高みからの転落で、イスラエルの子供たちのなかに身を落とすことで開始された。

われわれは、モーセはひとりのエジプト人であったという推測に適した第二の新たな論拠を獲得しようとしてこの小さな研究を進めてきた。名前の研究から由来する第一の論拠が多くの研究者に対して決定的な印象を与えなかったのを知ったからである。* 遺棄伝説の分析による新たな論拠がよりよい成果に至らないことも覚悟しなければなるまい。反論は、おそらく、以下のようなものだろう。すなわち、伝説の造型と変形の絡み合いは決して明瞭に見通せるものではなく、われわれの出した結論など正当化されえない、また、モーセの英雄的な姿に関するいろいろな伝承は混乱し矛盾に満ちており、数世紀の長きにわたって続けられてきた故意の改造と相互干渉の痕跡も明白であるゆえ、奥深い背後に潜んでいる歴史的真理の中枢を白日のもとに曝そうとどんなに努力しても迷路に陥るに違いない、と。私自身はこのような忌避的な態度はとらないが、しかしまた、私はこの忌避的態度を断固として却下することもできない。

＊　たとえばEd・マイヤーは『モーセ伝説とレビ族』（ベルリーナー・ジッツバー、一九〇五年）のなかで、「モーセという名前はおそらく、そして、ジロの祭司一族のなかのピンハスという名前は、……疑いようもなくエジプト語である。もちろんこれは、この一族がエジプトに起源を持っていたと証明しているのではないが、しかし、彼らがエジプトと関係していたことくらいは証明している。」（六五一ページ）と述べている。ここで、いかなる関係を考えるべきか、という問いはもちろん立てられてよい。

これ以上に確実なことが言えないとするならば、そもそも私はなぜこのような研究を公表したのであろうか？　私の立論が暗示以上のものになりえていないことも私は遺憾に思う。なぜかというと、ここで述べられた二つの論拠が注目され、モーセがひとりの高貴なエジプト人であったという想定を真実だと見なす気持ちが生じるならば、その場合、大変に興味深くかつ広大なパースペクティヴが現れるからである。ある程度確かな、それほど的外れではない仮説の助けをかりるならば、モーセを尋常ならざる歩みへと導いた動機が理解されるであろうし、その動機との緊密な関係のなかで、モーセがユダヤの民に授けた掟と宗教に関する数多くの特質および特異性を根拠づけることが可能となろう。さらに、一神教一般の成立についての意義深い見解すらも提起されるだろう。しかしながら、これほど重要な事柄を解明するにあたって、真実めかした心理学にのみ依存するわけにも行くまい。もしもモーセがエジプト人であることに歴史的な根拠を与えるつもりであるならば、モーセがエジプト人であるなど空想の産物に過ぎないとか現実から余りにもかけ離れているとかいう、夥しく生じてくるであろう批判から身を守るために、少なくとも、さらなる確固たる支点が必要となるだろう。モーセがいつの時代に生存していたか、そして、エジプト脱出がいつ起こったか、という点についての客観的証拠があれば、われわれの欲求は満たされるであろう。しかしこのような証拠はなかった。それゆえ、モーセはひとりのエジプト人であったという見解から生じるさらなる推理を報告するのはやめておいたほうが賢明であろう。

II

もしもモーセがひとりのエジプト人であったとするならば……

この雑誌に載せた先の論文のなかで、私は、モーセという男、ユダヤ民族の解放者にして立法者たる男が決してユダヤ人ではなく、エジプト人であったとの推察を新たな論拠によってより強固なものにしようと試みた。彼の名前がエジプト語由来だということは以前から気づかれていたが、実際には問題視されてこなかった。そこで私は、モーセにまつわる遺棄神話を解釈しつつ、彼はひとりのエジプト人であった、その男を民族全体の欲求がユダヤ人に造り変えようとした、との推論に至らざるをえない旨を追記して論じた。先の論文の最後のところで、モーセがひとりのエジプト人であったとの想定のなかからは重要で射程距離の長いもろもろの結論が生じてくること、しかし、この想定は心理学的な可能性にのみ立脚しているだけで客観的な証拠を欠いているゆえに、この想定に関して公然と責任をとる心の準備がない旨を私は述べておいた。心理学的に獲得された洞察が意義深いものであればあるほど、それをより確実な根拠づけのないままに外部からの批判的攻撃に曝してしまうことへの警戒心はますます強くなるものだ。これは粘土の土台の上に青銅の像を置く愚に等しいだろうから。いかに魅惑的な真実らしさであっても、誤謬から身を守ることはできない。ジグソー・パズルの各片の場合を連想しても分かる通り、ひとつの問題を解くに必要な各片がすべて揃っているように思われるときですら、真実らしいことは必ずしも真理ではなく、逆に、真理がいつも真実らしく見えるわけではないという現実が考慮されなければなるまい。要するに、自分たちの主張が現実といかに疎遠であるかを意に介さずに叡智とやらを振り回して満足しているスコラ哲学者やタルムード学者と一緒にされるのは気分がよくないのである。

＊『イマーゴ』二三巻、一九三七年、一号、「モーセ、ひとりのエジプト人」。

かつてと同様、こんにちもなおこのような懸念は重苦しいものであるが、私のもろもろの動機が矛盾し合い対立し合うなかから、最初の報告にこの続編を加えようとの決意が生じてきた。しかしこの続編もまた全体に関するものではなく、問題全体のなかの最も重要な部分でもない。

(1)

さて、モーセがひとりのエジプト人であったとするならば——、この想定からまず得られるのは、新たな、答えようがないほどに謎めいた問いだけだろう。一民族あるいは一部族＊が大きな冒険に乗り出そうとするとき、その民族同胞のなかのひとりが指導者になること、あるいは、選ばれて指導者の役割をはっきりと与えられることは、異論の余地があるまい。しかし、ひとりの高貴なエジプト人——おそらくは王子、聖職者、政府高官——をエジプトに移民してきた文化的におくれた異邦人の群れの頂点に立たせ、この群れとともに祖国を去らせたものが一体何であったのか、これは容易に推測できる事態ではない。異民族に対してとるエジプト人の侮蔑的態度は周知のことゆえ、このような出来事の信憑性はことさらに怪しいものとなる。まったく実際のところ、まさにこの経緯のゆえに、モーセという名前をエジプト語と認めその男がありとあらゆるエジプトの知恵に満たされていたと考えていた歴史家たちですら、モーセはひとりのエジプト人であったという明瞭な可能性を採用しようとしない、と私は考えたい。

＊　エジプト脱出にどれくらいの人数が参加したのか、これについては考えようもない。

右に述べた難問には直ちにつぎの難問が続く。つまり、モーセはただ単にエジプトに定住していたユダヤ人の政治的指導者であっただけではなく、彼はまた彼らの立法者、教育者でもあったわけで、こんにちなお彼にちなんでモーセ教と呼ばれる新たな宗教をユダヤ人に強制した男だ、との事実をわれわれは忘れてはならない。ところで、たったひとりの人間がそう簡単に新しい宗教を創り出せるものであろうか？　また、誰かが他人の宗教に影響を与えようとするとき、その人が他人をその人自身の宗教に改宗させるのがもっとも自然な経緯ではあるまいか？　エジプトに住んでいたユダヤ民族もおそらくは何らかの宗教を持っていたであろう。そして、ユダヤ民族に新たな宗教を与えたモーセがエジプト人であったならば、このもうひとつ別の新たな宗教もまたエジプトの宗教であったとする推測は、それゆえ、否定できない。

可能と思われるこの道を進むのを妨げるのは、モーセに起因するユダヤ人の宗教とエジプト人の宗教とのあいだに非常に鋭い対立が存在する事実である。ユダヤ人の宗教は雄大にして不動の一神教である。唯一の神のみ存在する。この神は比類がなく、全能であり、近寄り難く、神の正視に堪えることなどできず、神の像を決して造ってはならず、神の名を口に出すことも決して許されない。エジプトの宗教においては、千差万別の品位と来歴を持つ、ほとんど見渡し難いほど夥しい数の神々が群れている。天と地、太陽と月などの大いなる自然の力が人格化されたもの、また、マート（真理、正義）のように抽象化されたもの、あるいは小人のベスのように戯画化されたもの。しかし大抵のものは国土が数多くの地方に分散していた時代の多くの地方神であり、あたかも古代のトーテム動物からの発展過程をいまだに克服しきっていないかのように動物の姿をとっていて、相互の区別は曖昧模糊としており、個々の神にそれなりの働きが割り当てられることもほとんどない。これらの神々を讃える頌歌はそれぞれ同じようなもので、何のためらいもなく神々を同一視してしまうので、われわれは絶望的なまでに混乱させられる。神々の名は互いに組み合わせられ、ひとつの名が別の名の形容詞に低落する。たとえば「新帝国」全盛時代のテーベ市の主神の名はアモン・レーと称するが、この組み合わせのなかで、はじめの部分は雄牛の頭をもつ都市神を意味し、レーはオン（ヘリオポリス）のハイタカの頭を持つ太陽神である。魔術的、祭儀的な行為、呪文や護符がこれらの神々への献身を示していたが、これはエジプト人の日常生活そのものにも通じていた。

以上のような違いの多くは、峻厳な一神教と制約のない多神教との原理上の対立から容易に導き出されるだろう。それ以外の違いは明らかに精神的な水準の差からの帰結である。多神教にあって宗教は原始的な発展段階にかなり近く、一神教は洗練された抽象化の高みへの飛躍を成し遂げてしまっている。折りに触れて受ける印象ではあるが、モーセ教とエジプトの宗教の対立が、欲せられた対立、意図的に尖鋭化された対立、であるかのように思われるのは、このような二つの目立つ特性の並存のゆえであるかもしれない。たとえば、一方は魔術、妖術のたぐいのもの一切を苛酷なまでに断罪するのであるが、エジプトの宗教においては魔術、妖術のたぐいが異様なまでに夥しくはびこっている。あるいは、神々を粘土や石や青銅で具体的に見えるものとして造形することへのエジプト人の飽くなき願望と歓喜が一方にあるわけで、これにはこんにちわれわれの博物館が多大の恩恵を受けているのだけれども、他方では、何らかの生き物あるいは思考の産物を像として造形してはならぬという苛烈な禁止がこれに対立している。ところで、これまで論じられてきたこととは直接には関係を持たない、もうひとつ別の対立が二つの宗教のあいだには存在する。エジプト民族以外の他のいかなる古代民族もエジプト民族ほどには死を否認するために多くの努力をしていないし、彼岸での生存を可能にすべく綿密に配慮したこともない。それゆえに他界の支配者たる死の神オシリスは、エジプトの神々のなかでもっとも大衆に信じられた不動の存在だった。これと反対に、古代ユダヤ教は不死ということを完全に断念していて、死後の生存が持続する可能性などどこでもいつ何時でも述べられたためしがない。これを考えると、その後の歴史が教えてくれるわけだが、彼岸の存在への信仰が一神教のひとつときちんと調和しえている事実は、なんとも奇妙としか言いようがない。

　モーセはひとりのエジプト人であったとの想定が多方面にわたって豊かな力を発揮し解明力を示すであろうとわれわれは期待していた。しかしながら、彼がユダヤの民に与えた新たな宗教はモーセその人の、つまり、エジプトの宗教であったと考えると、はじめの想定は、双方の宗教の相違を見つめるに至って、いやそれどころか、双方の宗教のあいだの大変な対立を見るに至って破綻してしまったことになる。

(2)

　ところが、のちになってはじめて認められ評価されるようになったのだが、エジプトの宗教史にはひとつの奇妙な事実があり、これが、われわれになおもうひとつの展望を開いてくれる。つまり、モーセが彼に従うユダヤの民に与えた宗教は、なるほど確かに彼自身の宗教ではあったが、これはエジプトの宗教そのものではなかったにもせよ、やはり、ひとつのエジプトの宗教であった可能性は残されている。

　エジプトがはじめて世界帝国となった輝かしい栄光に満ちた第一八王朝のとき、おおよそ紀元前一三七五年ころ、ひとりの若いファラオが即位した。この若いファラオははじめ父親と同じくアメンホーテプ（四世）と名のっていたが、のちにその名前を変えた。しかも彼が変えたのは彼の名前だけではなかった。この王は、彼の支配のもとにあるエジプト人に、彼らの数千年来の伝統や彼らが親しみ信じてきた生活習慣のすべてを峻拒するような新たな宗教を無理強いしようとした。この宗教は厳格な一神教であって、われわれが知りうる限り、このような試みとしては、世界史上最初のものであった。そして、唯一神信仰とともに、避けようもないが、宗教的な不寛容すなわち他宗排斥が生じ、この不寛容は、古代にあっては、昔から——そしてそののちも長いあいだ——異物の如きものであった。ところがアメンホーテプの治世はわずか一七年しか続かなかった。紀元前一三五八年に彼が死んだのち、ただちにこの新たな宗教は一掃され、異端の王への追想は捨て去られた。この王に関するわれわれのごく僅かな知識は、この王が建てて彼の神を祀った新しい王宮の廃墟から、そして、この廃墟のなかの岩石の墓に刻まれた碑銘文から、かすかに伝わってくるのみである。けれども、この奇妙な、いやそれどころかまったく比類がないとも言うべき人物に関してわれわれが学び知りうる事柄のすべては、極めて興味深い。*

＊「人類史上における最初の個人」とブレステッドはこの王を呼んでいる。

新たなるものはすべて、以前の姿のなかにその準備と前提を持っているに相違ない。エジプトの一神教の根源も、ある程度の確かさをもって、ある程度、過去へと追求されうる。*

オンの太陽神殿の祭司学校ではかなり以前から、ひとつの普遍的な神という考えを発展させ、彼らの知恵の倫理的側面を強調せんとする動きが活発であった。マート、すなわち真理と秩序と正義の女神は太陽神たるレーの娘であった。アメンホーテプ三世つまり宗教改革者となった若き王の父親にして先行者でもあった王の治世時代に、すでに、太陽神崇拝は新たな飛躍を遂げていた。これは、おそらく、優勢な力を持つようになったテーベのアモンへの対抗でもあったろう。太陽神の太古の名前であるアートンあるいはアートゥムが新たに引き出された。そして、このアートン教のなかに、若い王は、彼が自力で喚起するまでもなく関与できたひとつの宗教的な動きを見出した。

＊　以下の論述は、主として、『エジプトの歴史』一九〇六年、ならびに『良心のあけぼの』一九三四年、のなかのJ・H・ブレステッドの叙述、および『ケンブリッジ古代史』第二巻の該当箇所による。

この当時、エジプトの政治情勢はエジプトの宗教に対して持続的に影響を及ぼすようになり始めていた。偉大なる征服者トトメス三世の戦功によってエジプトは世界的国家となり、南はヌビア、北はパレスティナ、シリア、そしてメソポタミアの一部まで帝国の支配下に属するようになっていた。この帝国主義が宗教においては普遍主義と一神教として現れるようになった。いまやファラオはエジプト外部のヌビアやシリアをも包括的に配慮しなければならなくなり、神性もまたその民族的な限定を放棄せざるをえなくなった。そして、ファラオがエジプト人に知られていた世界の唯一かつ絶対の支配者であったことと軌を一にして、エジプト人の新たな神性もまた、おそらく、唯一かつ絶対にならざるをえなかったのだろう。これに加えて、帝国の支配領域拡大とともにエジプトが外国からのもろもろの影響に身を曝すようになったのも自然の成り行きであった。王の妃の多くはアジアの王女たちであったし、*おそらくは、一神教への動きを進める直接的な刺激すらもシリアから入り込んできたのであろう。

* アメンホーテプの寵愛を受けた妻ノフレテテでさえもおそらくはそうであったろう。

アメンホーテプはオンの太陽崇拝との結びつきを一度も否定しなかった。岩穴の墓のなかの碑文によってこんにちまで遺され、おそらくは彼自身によって創作されたと考えられる二つのアートン頌歌のなかで、彼は太陽を、エジプト内外すべての生きとし生けるものの創造主そして保護者と讃えているが、その熱烈さたるや、幾世紀ものちになってユダヤの神ヤハウェを崇敬する詩篇のなかにはじめて回帰してくるほどの強さを示している。しかしこの若い王は太陽光線の作用に関する科学的認識を驚くべき迅速さで先取りするだけでは満足しなかった。彼がさらに歩みを進め、太陽を、物質的対象としてでなく、光線のなかにおのれのエネルギーを告げてくる神的存在の象徴と見なし讃えたことは疑念の余地がない。*

* ブレステッド『エジプトの歴史』三六〇ページ、「新しい国教の起源が太陽崇拝者に存することは、確かに明瞭であるかもしれないが、それは単なる太陽崇拝ではなかった。アートンという語は「神」の

古語である「ヌター」の代わりに用いられたものであって、神は、物質的太陽からはっきりと区別されている。」「それによって太陽がおのれを大地に直接感じさせる力、この力をこそこの王が神格化した、ということは明白である。」（『良心のあけぼの』二七九ページ）。――同じような判断はA・エルマン（『エジプトの宗教』一九〇五年）が神を讃える儀式に関して下している。「その言葉は……天体そのものが讃えられているのではなく、天体においておのれを開示している存在こそが讃えられている、ということを可能な限り抽象化して表現しているであろう。」

しかし、この王を、彼の登場以前にすでに成立していたアートン教の単なる信奉者ないし後援者とだけ見なすならば、この王を正当に評価したことにはならない。彼の活動は遥かに徹底的で断固たるものであった。彼は、普遍的な神に関する教義がはじめて一神教になるために必要な新たなもの、すなわち排他性という要因を加えた。彼自身の作である頌歌のなかで、それは直接的に謳われている。「おお、汝、唯一の、並ぶものなき神よ」と。* ところで、この教義の意味を認めるにあたって、その肯定的な面を知るだけでは十分ではなく、その否定的な面、すなわち新しい教義が廃棄したものを知るのもほとんど同じくらい重要だ、ということを忘れてはならない。また、この新しい宗教が、あたかもゼウスの頭部から生まれてきたアテナのように、完全武装して一気に誕生したと考えるのも誤りであろう。もろもろの事情を考慮するならば、むしろ、この新しい宗教はアメンホーテプの統治が続くうちに徐々に明晰性、一貫性、峻厳性、そして不寛容を強めていった、と言うべきである。この発展がこの王の宗教改革に対するアモンの祭司たちのなかで亢進してきた激しい反対運動の影響の下で進められたことも、おそらく確かであろう。アメンホーテプが統治を開始して六年目、この敵対勢力はひどく増強し、王は、当時はすでに厳禁されていた神の名前であるアモンという語が含まれている彼自身の名前を変更するに至った。彼はアメンホーテプという名前を捨て、イクナートンと名のるようになった。** しかし、この王は、自分の名前から嫌悪すべき神を抹消しただけではない。さらに加えて、あらゆる碑銘から、そして、彼の父親たるアメンホーテプ三世の名前のなかに嫌悪すべき神が現れているとして、それすらも抹消した。名前を変更したのち間もなくイクナートンは、アモンの勢力に支配されたテーベを去り、河の流れを下って新しい王宮を建て、これをアケタートン（アートンの地平）と名づけた。その廃墟の地は、こんにち、テル・エル・アマルナと称されている。***

* 前出『エジプトの歴史』三七四ページ。

** 私はこの名前について英語表記に従う（普通はアケナートン）。この王の新しい名前は、おおよそ、彼の以前の名前と同じこと、神は満足せり、を意味している。われわれドイツ語圏の名前、ゴットホルト、ゴットフリートと同様である。

*** ここで一八八七年、歴史学的に大変重要な、エジプトの王たちとアジアの友人たちおよび臣下たちが交わした書簡が発見された。

王の迫害はアモンに対して最も苛酷であったが、それだけにとどまらなかった。王国全域で神殿寺院が閉鎖され、礼拝は厳禁され、その財産や所有地は没収された。いや、それぱかりか、この王の熱情は実に激しいものであって、彼は古い記念碑を調査させ、そこに「神」という言葉が複数形で使われていると、これらを削除させたほどであった。[*] イクナートンのこのような措置が圧迫された聖職者層や不満を抱いた人民のあいだに狂信的な復讐の気分を惹き起こし、王の死後にこの気分が噴出した経緯は驚くにあたらない。アートン教は一般には親しまれなかった。おそらくは王個人をめぐる小さな集団に限られたものであったろう。イクナートンの最期は闇に包まれたままである。幾人かの短命な影の薄い後継者が彼の血統から出たという報告がある。彼の娘婿のツタンカートンにしてすでに、テーベに戻るように強制され、その名前のなかの神をアートンからアモンへと変えるように強いられた。それから無政府状態の時代となり、これはハレムハープ将軍が紀元前一三五〇年に秩序を回復するまで続いた。栄光に満ちた第一八王朝は消滅し、同時に、ヌビアやアジアの征服地も失われた。この不透明な中間期にエジプトの古いいろいろな宗教がふたたび現れた。アートン教は廃棄され、イクナートンの王宮は破壊され略奪されるがままとなり、この王の記憶はひとりの犯罪者の記憶となった。

＊ 前出『エジプトの歴史』三六三ページ。

さてこれからアートン教の否定的かつ拒否的な特質のなかから幾つかの点を際立たせる

が、これは一定の意図を念頭においてのことである。まず第一に、一切の神話的なもの、魔術的なもの、ないし呪術的なものが排斥されていること。*

＊ ウェイゴール（『イクナートンの生涯とその時代』一九二三年、一二一ページ）が述べているが、人はありとあらゆる呪文によって冥界の恐怖から自分を守ろうとするであろうに、イクナートンは、冥界について何も知ろうとしなかった。「アクナートンは、これら呪文書の一切を火中に投げ棄ててしまった。ジン、ボギー、精霊、怪物、半神、そしてすべての従者をひっくるめてオシリスそのものが炎のなかへと一掃され灰燼に帰した。」

それから、太陽神の表現の様式。もはや以前のような小さなピラミッドと鷹によって表現されるのではなく、無味乾燥といってもよいが、ひとつの平たい円板によって表現される。この平たい円板から光線が発して人間の両方の手のひらに至っている。アマルナ期にはありとあらゆる芸術が豊かに享受されたにもかかわらず、これ以外の太陽神の表現様式、たとえばアートンの人格の造形などは見出されたためしがないし、今後も見出されないであろうことは断言されてもよい。*

＊ ウェイゴール（前掲書）、「アクナートンはアートンに関していかなる造形をも許さなかった。真の神は、とこの王は言った。いかなるかたちをも持たない、と。そして彼はこの意見を生涯を通じて貫いた。」（一〇三ページ）

最後の特質として、死の神オシリスと死の国に関する完璧な沈黙。頌歌も墓碑銘も、おそらくはエジプト人の心情に最も切実であったろうこの消息に一切触れていない。これ以上はっきりと大衆の宗教との対立が具体的に示される事態もあるまい。*

* エルマン、前掲書、七〇ページ、「オシリスとその国に関してはもはや一言も耳に入らなくなったことだろう。」――ブレステッド『良心のあけぼの』二九一ページ、「オシリスは完全に無視されている。イクナートンのいかなる記録にもアマルナのいかなる墓にも、この死の神は記されていない。」

(3)

ここまでくれば、われわれは、思い切って結論を下してもよかろう。もしもモーセがひとりのエジプト人であったならば、そして、もしも彼がユダヤ人に彼自身の宗教を伝えたとするならば、それはイクナートンの宗教、すなわちアートン教であった、と。

われわれは先に、ユダヤの宗教をエジプトの民族宗教と比較し、両者のあいだの対立性を確認しておいた。こんどはユダヤ人の宗教とアートン教を比較することになるが、ここでは両者の根源的な同一性が示されると期待されてもよかろう。与えられた任務が決して容易なものでないことをわれわれは承知している。アモンの祭司たちの激しい復讐心と破壊のせいで、アートン教に関してわれわれが知るところは、おそらく、ひどく僅かになってしまったであろう。モーセの宗教について、われわれは、その最終形態のみを知っているだけであるが、これは周知のようにおおよそ八〇〇年ののち、流浪の時代が終わってから、ユダヤ人祭司によって確定された。材料の不足にもかかわらずわれわれの考えに好都合であるような幾つかの徴候が見出されるのであれば、われわれはそれらを貴重なものと評価してよいであろう。

モーセの宗教はアートン教にほかならないという命題を証明する近道がもしあるとすれば、それは、告白ないし宣言の意味内容に向かう道であろう。しかし、このような近道などないと言われてしまうことを私は危惧する。ユダヤ教の信仰告白は周知のようにSchema Jisroel Adonai Elohenu Adonai Echod と語られる。もしもエジプト語のアートン（あるいはアートゥム）という名前がただ単に偶然にヘブライ語のアドナイそしてシリアの神の名前たるアドニスと似た響きを持っているだけでなく、時代を超えた言語と意義の共有の結果であるとするならば、このユダヤ教の文言は以下のように翻訳されうるだろう。聞けイスラエルよ、われらの神アートン（アドナイ）は唯一の神である、と。この問題に答えるだけの能力を私は残念ながらまったく持っていないし、この問題に関して文献にあたってみてもごく僅かの事柄しか見出せなかったのだが、* しかし、おそらく、この問題は軽々しく取り扱うべきものではあるまい。いずれにせよ、われわれは、神の名前に関する問題にもう一度戻らざるをえなくなるだろう。

＊　ごく少ないものだが、ウェイゴール（前掲書）にはつぎのような記述がある。「レーを沈み行く太陽

と呼んでいたアトゥーム神は、おそらく、北シリア一帯で崇拝されていたアートンと同じ起源を有していた可能性がある。それゆえにこそ、外国から来た王妃やその従者たちはテーベよりもむしろヘリオポリスに心を惹かれたのかもしれない。」(一二ページおよび一九ページ)

モーセの宗教とアートン教の類似点は、それらの相違点と同様、たやすく見て取れるが、多大の事柄を解明してくれるわけでもない。両方とも厳格な一神教のかたちをとっているわけであるが、そのため、双方を一致させているものをいきなりこの根本特性に求めたくなってしまうせいだろう。ユダヤの一神教は多くの点でエジプトの一神教よりも遥かに峻厳であって、たとえば、造形的表現一般の禁止の苛烈さにおいてそれが認められよう。最も本質的な相違は――神の名前の違いは別として――ユダヤ教が太陽崇拝から完璧に離れてしまっているのに対して、エジプトの一神教はなお太陽崇拝に依存していた事実に現れている。ユダヤ人の宗教とエジプト民衆宗教とを比較検討した際、原理的な対立のほかに、双方の宗教の相違をめぐって、意図的に敵対せんとする態度も関わっているかのような印象をわれわれは受けた。いまここで、比較検討に際して、ユダヤ教をアートン教に置き換えてみるならば、この印象は正当であったと思われよう。なぜなら、すでに見てきたように、アートン教こそイクナートンがエジプト民衆宗教に対する意図的な敵対心のなかで展開してきたものにほかならないからである。われわれは当然ながら、ユダヤ教が彼岸および死後の生命について何事をも一切知ろうとしないのを不思議に思っていた。なぜなら、彼岸および死後の生命に関する教えは極めて厳格な一神教にふさわしいと考えられるからである。けれども、ユダヤ教からアートン教へ溯り、彼岸および死後の生命に関する教えに対する拒絶的な態度はアートン教からユダヤ教へと伝えられたのだと考えるならば、不可思議の念は消える。すなわち、イクナートンにとっては、この世のいかなる神よりも大きな役割を果たしていたであろう死の神オシリスが君臨するエジプト民衆宗教との闘争に際して、彼岸および死後の生命に関する教えを拒絶することはどうしても必要だったのだ。このような重要な点でユダヤ教とアートン教が一致している事実は、われわれの主張のためには最初の強力な論拠となる。しかしこれが唯一の論拠でないことは、のちになって理解されるだろう。

モーセはユダヤ人に新しい宗教だけをもたらしたのではない。これまた断定的に主張されることだが、彼はユダヤ人に割礼という掟をももたらした。この事実はわれわれの問いにとって決定的な意義を持っているのだが、いままで正当に評価されたことはほとんどなかった。聖書の語るところも、この件に関してはいろいろと矛盾している。聖書は、一方では、割礼を太祖時代にまで溯らせて、これを神とアブラハムのあいだの契約のしるしと語り、他方では、ここはまったく特殊な暗闇に包まれた箇所なのだけれども、モーセが聖化された慣習をないがしろにしたために神は怒りモーセを殺そうとしたが、ミディアンの女であったモーセの妻が迅速に手術を行って危機に陥った夫を神の怒りから救った、と語っている。しかしこれらはすべて歪曲であって、惑わされてはならない。われわれは、のちに、この歪曲の動機を洞察することになろう。だが、割礼という掟はどこからユダヤ人のなかにやってきたのか、との問いにはただひとつの答えしかありえないということは動かせない。すなわち、エジプトから、である。ヘロドトス、この「歴史の父」は、割礼という慣習がエジプトでは大昔から土着のものであった事実をわれわれに伝えてくれている。そして彼の報告はミイラの所見によって、さらにまた、墓地の壁画によっても確認された。われわれの知る限り、東地中海沿岸のいかなる民族もこの慣習を行っていなかった。セム人、バビロニア人、シュメール人に関しては彼らが割礼を受けていなかったと確実に言える。カナンの住民たちについては聖書のなかの物語そのものが伝えている。彼らが割礼を受けていなかったことがヤコブの娘とシケムの王子の恋物語の結末の前提になっている。*エジプトに移住していたユダヤ人がモーセによる宗教創設とは別の成り行きで割礼を受容れたとする可能性は、まったく根拠のないものとして否定されねばなるまい。さて、こうしてわれわれは、割礼がエジプトにおいてあまねく行われていた民族慣習であったことをしっかりと記憶にとどめた上で、モーセはひとりのユダヤ人であったとする通念を少しのあいだ仮定してみたい。するとどういう結果になるか。モーセは彼の同胞をエジプトにおける強制労働の苦役から解放し、同胞を一個の自立し自覚的であるような国民へと成長させるべくエジプトの国土の外へ導き出そうとした――これはまったく現実に起こった

——わけであるが、この場合、モーセがユダヤ人に辛く煩わしい慣習を同時に強制することにいかなる意味がありえたのだろうか？　割礼こそユダヤ人をエジプト化してしまう当のものではなかったか？　割礼こそユダヤ人のエジプトへの追憶を常に喚起し続けるに相違ないものではなかったか？　ところが、モーセの努力は、彼の民が奴隷として生活していた国と縁を切り、「エジプトの肉鍋」への憧憬を克服するという正反対の方向にこそ向けられていたはずではなかったか？　つまり、話はまるで逆なのだ。われわれが出発点にした事実と、いまここで少しのあいだ加えてみた仮定とが相互にこれほどひどく矛盾している以上、ひとつの結論を下す勇気がなければなるまい。すなわち、モーセがユダヤ人に新しい宗教だけでなく割礼という掟をも与えたのであれば、彼は決してユダヤ人であったのではなく、ひとりのエジプト人であったのだ、と。そうであれば、モーセの宗教はおそらくエジプトの宗教、しかも、エジプト民族宗教との対立からして、のちのユダヤ教と幾つかの注目すべき点で一致を示しているアートンの宗教であったことになろう。

＊　われわれは聖書のなかの伝承を言わば独断的かつ手前勝手に取り扱い、それが有用なときには論証のために引き合いに出し、自分たちの考えに矛盾するときには断固として切り捨てているが、この場合、深刻な方法上の批判におのれの身を曝す結果になり、自分たちの論述の持つ証明力を徐々に弱めてしまう可能性を、われわれは十二分に承知している。しかしながら、素材の信頼性が歪曲という動向の影響によって著しく損なわれてしまっているのが確かに認められるならば、このやり方は素材を取り扱う力

を得るためのただひとつの方法なのである。ここで指摘された謎めいた動機に関して手がかりが摑まるならば、のちになってかなりの正当性が獲得されると期待されてよいだろう。そもそも絶対の確実性などというものは到達不可能なのであって、ついでに言わせてもらえるならば、すべての他の研究者たちも同じようにやっている。

すでに指摘しておいたように、モーセがユダヤ人ではなくエジプト人であったとするわれわれの考えは新たな謎を生み出す。彼がユダヤ人であったならば容易に理解されると思われる彼の行状が、エジプト人であったとなると不可解なものになってしまう。しかしモーセをイクナートンの時代にしっかりと据え置き、ファラオとのつながりのなかで見るならば、この謎は消失し、われわれのあらゆる問いに答えてくれるような行状の動機づけが存在しえた事情が明瞭になってくる。モーセが高貴な身分の政府高官であり、ひょっとすると実際に、伝説が語るとおり、王家の一員であったかもしれないという前提から出発してみよう。彼は確かに自分の大きな能力を自覚し、野心に満ち、力強く行動力のある男であった。いつの日にかエジプト民族を導き王国を支配せんとする目標すら彼の念頭にはちらついていたかもしれない。ファラオの側近として、彼は新たな宗教の心底からの信奉者であり、その根本思想を完全に体得していた。しかし王の死と反動勢力の復活とともに彼は彼の希望と将来への展望がことごとく崩れ去るのを目の当たりにすることになった。彼がかけがえのない信念を捨て去ろうとしなかった以上、エジプトは彼に何ひとつ与えるべきものを持たなくなったわけであり、彼は祖国を失うことになった。この危機的状況のなかで彼は途方もない打開策を見出した。夢想家イクナートンは民族の心から離反してしまい、その世界帝国を崩壊させてしまったが、モーセの精力的な本性は、新たな王国を打ち建て、新たな民族を見出し、エジプトから排除された宗教をその新たな民族に信仰させようとする計画へと向かうにふさわしいものだった。これが、運命と闘い、イクナートンの破局によってモーセが失ったものを二つの方向において奪い返そうとする英雄的な行為であったことは誰しも認めるところだろう。その当時モーセは、セム人の諸部族が（ヒクソスの時代までであったか？）定住していた国境地帯（ゴセン）の代官であったのかもしれない。モーセは新たな民族とするためにこの人びとを選んだ。これは世界史的な決断であった！＊ モーセは彼らと協定を結び、彼らの先頭に立ち、「強い手で」彼らの旅立ちを配慮し見守った。聖書のなかの伝承とは完全に矛盾することになるが、この脱出の旅は平和のうちに追撃されることもなく行われたと考えるべきだろう。モーセの権威がこれを可能にしたのであり、当時はこの動きを妨害できるような中央権力など存在しなかった。

＊ モーセが政府高官であったとするならば、彼がユダヤ人のなかで指導者としての役割を引き受けたことは理解しやすくなるだろう。モーセが祭司であったとするならば、彼が宗教創設者として現れるのは自然の成り行きであったろう。いずれの場合であっても、それは彼のそれまでの天命の継続であったろう。王家の王子が代官と祭司を兼ねるのは容易であったろう。遺棄伝説を受け容れてはいるが聖書のな

かのものとは別の伝承を知っていたと思われるフラウィウス・ヨセフス（古代ユダヤ人）の報告によれば、モーセは、エジプトの将軍としてエチオピアへの遠征で勝利をおさめたとされている。

以上のわれわれの構築に基づけば、エジプト脱出は紀元前一三五八年から一三五〇年のあいだに、すなわちイクナートンの死ののち、ハレムハープによる国家的権威の再建よりも早くに起こったことになる。* 脱出行の目的地はカナンの地以外ではありえなかった。その地は、エジプトの統治が崩れ去ったのち好戦的なアラメア人の軍勢の侵入を受け、支配され略奪されるがままになっており、それゆえに、力の強い民族ならば新しい領土を獲得できる地でもあると分かっていた。このアラメア人の戦士たちに関しては、廃墟と化したアマルナの町の文書庫で一八八七年に発見された書簡から知ることができる。アラメア人の戦士たちは書簡のなかでハビル Habiru と記されているが、この名前は、どうしてか分からぬが、後年にやってきたユダヤ人侵入者——ヘブライ Hebräer——へと変化してしまった。ヘブライという名前は昔書かれたアマルナ書簡のなかに現れうるはずもないのであるが。ともかく、パレスティナの南——カナン——にはエジプトから脱出してきたユダヤ人と大変近しいつながりを持つ民族も居住していた。

* ハレムハープ将軍をメルネプター統治下の第一九王朝の人物と見なす大抵の歴史家と比べると、私の考える将軍はおおよそ一世紀も昔の人物となってしまうだろう。多少は時代は下るかもしれないが、この相違の理由は、公式の歴史記述が空位期間をハレムハープの統治時代のなかに含めてしまい、ここか

ら一世紀のズレが生じてくる点にあるのだろう。

われわれがエジプト脱出そのものに関して推察したその動機は、割礼の制定にも妥当する。このような大昔の、もうほとんど理解されない慣習に対して、人間が、民族としてであれ個人としてであれ、どのような態度をとるかは周知のことである。この慣習を持たない者にとってそれはひどく奇妙で、それを知ると少しぞっとするだろう――割礼を受け容れている側の者は、しかし、それを誇りに思っている。彼らは割礼によって高められ、高貴な存在になったと感じ、他の者を軽蔑すべき者として見下し、不純だと見る。こんにちですらトルコ人はキリスト教徒を「割礼されていない犬」と罵るほどである。モーセがエジプト人として自身割礼を受け、このような態度をとったことは信じられてもよかろう。モーセが祖国を去るにあたって連れ出したユダヤ人は、彼にとって、彼が祖国に残してきたエジプト人の、より優れた代理人でなければならなかった。いかなることがあろうとユダヤ人はエジプト人に劣るものであってはならなかった。ひとつの「聖化された民」をこそ、モーセはユダヤ人から創り出そうと欲したのであり、これは聖書の文章にもはっきりと表現されている通りである。そして、このような聖化のしるしとしてモーセはユダヤ人にこの掟を与えたのだが、この掟は、最悪の場合でもユダヤ人をエジプト人と同格にするものであった。また、ユダヤ人がこのしるしによって孤立し、流浪の旅と移住がユダヤ人にもたらすであろう異民族との混ざり合いから遮断されるならば、これはモーセにとって実に望ましいことであったろう。事情はエジプト人自身が他のあらゆる異民族からおのれを切り離していた事実と似ている。[*]

＊　紀元前四五〇年ころにエジプトを訪れたヘロドトスはその旅行記のなかでエジプト民族の特性を記しているが、この特性はのちのユダヤ人についてよく知られている諸特徴と驚くほど似ている。「彼らは一般的に言ってあらゆる点において他の人間よりも信心深い。彼らはまた、すでに、彼らの多くの慣習によって自分たちを他の人間から切り離している。たとえば、彼らが正確に言えば清潔を保つという理由から最初に取り入れた割礼という慣習によって、彼らは、自分たちを他の人間から区別している。またさらに、豚嫌いによっても自分たちを区別している。これはおそらく黒豚の姿のセトがホルスを傷つけた件と関連しているだろう。そして最後に、とりわけ、彼らは、雌牛を畏敬することによって自分たちを他の人間から区別している。彼らは雌牛を決して食べないし犠牲に供しもしないが、これは、もしもそうすれば雌牛の角をもつイシスを侮辱することになるからであろう。このようなわけであるから、エジプト人の男も女もギリシャ人に絶対に接吻しないだろうし、また、ギリシャ人のナイフ、ギリシャ人の焼き串、あるいはギリシャ人の鍋を決して使わないであろう。また、（普通ならば）清浄とされる雄牛の肉も、それがギリシャ人のナイフで切られたものであれば決して食べないであろう。……エジプト人は高慢な偏狭さでもって他の民族を見下していた。他民族は不浄であり、エジプト人のように神々の近くには立っていないのだ、と。」（エルマン『エジプトの宗教』一八一ページ以下による）われわれはもちろんここでインド民族の生活との比較を忘れるつもりはない。ところで、一九世紀のユダヤの詩人H・ハイネに「ナイルの谷から引きずられてきた災い、エジプトの不健康なる信仰」と彼の宗教を嘆かせるよう吹き込んだのは、いったい誰であったのだろうか？

しかしユダヤの伝承は、のちになると、このような結論がまるで疎ましいものででもあるかのように、別の筋道を辿ることになる。割礼がエジプトの慣習であり、それをモーセが導入したと承認するのであれば、それは、モーセがユダヤ人に伝えた宗教もまたエジプトの宗教のなかのひとつであったと認めるに等しいだろう。しかしこの事実を否認しなければならない理由は十二分にあった。結果として割礼に関する実情もまた否認されざるをえなかったのだ。

(4)

モーセというエジプト人をイクナートンの時代に移し置き、ユダヤ民族を引き受けんとする彼の決断の由来を当時のエジプト国内の政治事情から導き出し、モーセが彼に従う民に授けた、あるいは強いた宗教を、まさしくエジプト内において崩壊してしまったアートンの宗教であったとする私の構築、この憶測による組み立てを私が余りにも大胆に物証による根拠づけもなく論じたこと、これらをここまで述べたことで、非難されるだろうと私は予測している。だが、私はこの非難は不当であると思う。私はすでに序論において疑念を抱かれてしかるべき事情を強調しておいたし、それを言わば括弧付きのものとしたのであって、すべての疑わしい項目をそのつど括弧内に入れて書く煩雑は省略されてもよかろう。

私自身の批判的な注釈の幾つかはここに続けて述べてもよいと思われる。ユダヤの一神教がエジプトの歴史のなかの一神教の時代に依存し由来を持っているとのわれわれの主張の核心部分は、さまざまな研究者たちによって漠然とではあるが感知され示唆されてきた。が、これらの声をここに再提示するのは省略する。なぜなら彼ら研究者のなかの誰ひとりとして、どのような筋道を辿ってこの影響力が作用しえたのかを論じるすべを知らないからである。われわれにとってはこの影響力はモーセという人物と不可分に結びついているのだが、われわれに都合のよい話とは別のいろいろな可能性もまた考えられる。公的なかたちのアートン教の崩壊がエジプトにおける一神教の潮流を完璧に終わらせてしまったとは考えられない。一神教の流れの源泉たるオンの祭司学校が破局を克服して生き延び、イクナートンののちの数世代を一神教の思考法で呪縛していたかもしれない。もしそうであるならば、仮にモーセがイクナートンの時代に生きておらず、その人格からの影響を直接には受けていなかったとしても、またモーセがただ単にオンの学校の信奉者あるいは構成員であっただけであるとしても、モーセの行為は納得できる。この可能性に従うならばエジプト脱出の時点はずらされ、通常受け容れられている時点（紀元前一三世紀）に近づくだろう。しかしこの可能性は、これ以外には、支持してもらえる素材をまったく持っていない。モーセを突き動かした要因を深く見つめる道は失われ、エジプト国内を満たした無政府状態によってエジプト脱出が容易になったことも視野から外れてしまう。第一九王朝の王たちの統治は厳しかったのだ。エジプト脱出にとって有利な外的および内的なすべての条件は、異端の王の死の直後の時点においてのみ整う。

ユダヤ人は聖書以外にも内容豊富な文献をたくさん持っていて、そのなかには、数世紀の時の流れのなかではじめての指導者にして宗教創設者である男の偉大な姿が描かれている伝説や神話が含まれており、その姿を明瞭化したり曖昧にしたりしている。このような資料にはモーセ五書には見出せない良質の伝承の断片がちりばめられているかもしれない。この種の伝説のひとつはモーセという男の覇気がすでに彼の子供のころにいかに現れていたかを公然と印象深く語っている。ある日ファラオがこの子供を両腕に抱き、あやしながら高く持ち上げたとき、この三歳の男の子はファラオの頭上から王冠をもぎ取り、それを自分の頭上に載せてしまった。王はこの前兆に驚き恐れてしまい、ゆるがせにすることができず、配下の賢人にこれについて質問した。* 別の箇所では、モーセがエジプトの将軍としてエチオピアに遠征したときの輝かしい戦い振りが述べられているが、この話には、モーセが王宮内の一派あるいはファラオその人の嫉妬を恐れ、エジプトから逃げ出したという続きがある。聖書のなかの描写そのものもモーセに関して幾つかの特徴を添えているが、これは信頼されてもよいものだろう。聖書のなかの記述によればモーセは短気ですぐに憤激してしまう男で、たとえば、ユダヤ人労働者を乱暴に扱った粗野な監視人を憤怒のあまり殴り殺してしまい、またユダヤの民の背教的行為を見て激怒し、神の山から持ち帰ってきた掟の刻まれた石板を打ち砕いてしまう。いやそれどころか、神ですら最後にはモーセをその短気過ぎる行為のゆえに罰している。この行為が何であったかは述べられていない。このような難点の多い性格はモーセ讃美に役立たないわけであるから、これは歴史的な真実というにふさわしかろう。また、ユダヤ人は彼らの神の初期のころの観念のなかに熱狂的とか峻厳なとか仮借なきとか言われる多くの性格特徴を取り入れているが、これらは元来はモーセ追憶から生じてきたという可能性も否定できない。なぜなら、実際のところ、目に見えない神ではなく、モーセという男が彼らをエジプトから連れ出したのだから。

＊　この逸話はヨセフスの物語では少し異なっている。

モーセの特徴に関して書き添えられている別の事柄もわれわれの関心を特別に惹く力を持っている。モーセは「口下手」だったとの一件である。つまりモーセは上手に話すことができず言い間違いをしやすかったわけで、それだからこそ、いわゆるファラオとの談判に際して彼の兄弟とされるアロンの助けを必要とした。これもまた歴史的な真実であったかもしれないし、この偉大なる男の相貌に生気を与えるためには好都合な話かもしれない。しかし、これはまた、別のもっと重要な意味を持っている。この記録は、モーセがユダヤ人とは言語を異にする人物であって、彼に従ったセム系の新エジプト人とは、少なくともはじめのころは、通訳なしでは交流しえなかった事実を軽く歪曲して物語っているのかもしれない。それゆえこれはわれわれの主張する命題の正しさを裏づける。モーセはひとりのエジプト人であった、ということを。

さて、ともかく、われわれの研究は一応の終結に至ったと思われる。証明されたか否かは分からないが、モーセはひとりのエジプト人であったとの仮定のなかから、いまのところ、われわれはこれ以上の事柄を推論し続けることができない。モーセとエジプト脱出に関する聖書の記録を、遠い昔からの伝承に独特の筋道をつけるために改作された信心深い文学以外の何ものかであると考えるような歴史家はひとりもいまい。伝承が起源においていかなるものであったのかは知りようがない。歪曲した意図がどんなものであったのか、われわれは推量したいのだが、これもしかし、歴史経過が知られていないので闇に包まれたままである。十の災い、紅海横断、シナイ山における荘厳なる掟の授与というような聖書のなかの物語の多くのはなやかな場面に関してわれわれの再構築は一切触れていないが、このような食い違いはたいしたことではない。しかし、もしもわれわれが現代の公平な歴史学の成果に矛盾する論に陥っているとなれば、これは到底無関心ではいられない。

最近の歴史家たちは、われわれはEd・マイヤー*をその代表的存在と認めたいが、決定的な点においては聖書の記録に従っている。また彼らは、後年にイスラエルの民を生んだユダヤの古い民族が、ある時点でひとつの新しい宗教を受け容れたことも認めている。しかしこの出来事はエジプトで起こったのではなく、またシナイ半島にある山の麓で起こったのでもなく、メリバト・カデシュと名づけられていた場所で起こった、とされている。この場所はパレスティナの南、シナイ半島の東の端とアラビアの西の端のあいだの湧き水の豊かなオアシス地帯であった、とされている。ユダヤの民はそこでヤハウェ神信仰を受け容れたが、おそらくは近くに住んでいたミディアン人、つまりアラブ部族から伝えられたのだろう、とされている。また、別の近隣民族もこの神の信者であったろうと推測されている。

＊　Ed・マイヤー『イスラエル人とその近隣民族』一九〇六年。

ヤハウェはまちがいなく火の神であった。周知のように、こんにちエジプトには火山がないし、シナイ半島の山々もまた火山性であったことがない。これに対してアラビアの西の端に沿った地帯には、かなり後年に至るまで活動していたと考えられる火山群が存在する。それゆえ、ヤハウェの居所*と考えられていたシナイ・ホレブはこれらの火山群のなかのひとつの山であったに相違あるまい。Ed・マイヤーに従うならば、聖書の記録が蒙ったありとあらゆる改竄にもかかわらず、この神の根源的な性格像は再構築**される。この神は、夜中にうろつきまわり太陽の光を嫌う、不気味な血に飢えた悪魔なのだ。

＊　聖書の幾つかの箇所には、ヤハウェがシナイ山を下りメリバト・カデシュにやってきたとの記載がなお残されている。

＊＊　前掲書、三八ページ、五八ページ。

この宗教創設にあたって神と民族のあいだに立った仲介者はモーセと名づけられている。このモーセはミディアン人の祭司イェトロの娘婿で、彼は神から使命を受けたときこの地域で家畜の番人をしていた。このモーセは、また、カデシュでもイェトロの訪問を受け、イェトロはモーセにいろいろと教示している。

Ed・マイヤーは、ユダヤ人のエジプト滞在やエジプト人の破局に関する物語には何らかの歴史的に核心的な事実が含まれていること*に疑問の余地はないと一応は述べているけれども、彼が自身で認めた事実をうまく整理し利用するすべを知らなかったのは明らかである。彼が無理なく納得しているのは、割礼という慣習がエジプトから伝えられた件だけに過ぎない。しかしながら彼は二つの重要な指摘によってわれわれが先に述べた論拠をより豊かなものにしてくれている。まず、ヨシュアが「エジプト人から受けた屈辱をきれいに洗い流すために」ユダヤ民族に割礼を要求したこと、そのつぎに、ヘロドトスからの引用に基づいて、パレスティナのフェニキア人（おそらくはユダヤ人であろう）とシリア人が割礼をエジプト人から学んだのを自分たちで認めていること、**この二つの指摘である。しかしマイヤーはエジプト人モーセに関してはほとんど関心を示していない。「われわれが知っているモーセはカデシュの祭司の祖先であり、それゆえ祭祀につながりをもつ系譜学的伝説のなかのひとつの形象に過ぎず、歴史的に実在するひとりの人物ではない。それだからこそ（あらゆる伝承をひっくるめて歴史的真実と見なす人は論外として）モーセを歴史的存在と見なし研究した人たちのなかには、モーセという人物に内実を与え、ひとりの具体的な個人として提示し、あるいはモーセが創造したであろうものを示し、モーセの歴史的な仕事が何であったかを示しえたような者は、いまだかつてひとりもいないのだ。***」

＊　前掲書、四九ページ。
＊＊　前掲書、四四九ページ。
＊＊＊　前掲書、四五一ページ。

このように論じるマイヤーは倦むことを知らず、カデシュとミディアンへのモーセの結びつきを強調する。「ミディアンと砂漠の祭祀場とに緊密に結びついているモーセという人物像*」、「このモーセの人物像はこうしてカデシュ（マッサとメリバ）と分かち難く結びつけられており、ミディアンの祭司との姻戚関係はこの事実を補完している。これに反してエジプト脱出、さらには幼少時代の物語との結びつきはまったく二次的なものであって、ただ単に、モーセをいろいろな話と結びついている伝説物語のなかへ組み込んでしまった結果に過ぎない。**」マイヤーは、また、モーセの幼少時代の物語に含まれていた創作動機ものちになって完全に欠落してしまったと指摘している。「ミディアンのモーセはひとりのエジプト人でもファラオの子孫でもなく、ひとりの羊飼いであり、この羊飼いにヤハウェがおのれを開示したのだ。十の災いの物語のなかでも、効果的に利用することは容易であったろうに、モーセのかつての言動に関する話題は無視され、イスラエルの男の子を皆殺しにせよとの命令も完全に忘れ去られてしまっている。エジプト脱出およびエジプト人の没落に際してもこのモーセは何の役割も果たしておらず、その名前すら挙げられていない。幼少期の伝説が求めるような英雄的性格が後年のモーセには完全に欠けている。このモーセは、言うならば信心家以上の者ではなく、ヤハウェから超自然的な力を与えられて奇跡をなす人に過ぎない***……。」

* 前掲書、四九ページ。
** 前掲書、七二ページ。
*** 前掲書、四七ページ。

伝承そのものでさえ青銅の蛇を直立させて守護神にしたと語っているカデシュとミディアンのこのモーセと、ユダヤの民にひとつの神を開示して一切の魔法や呪術を苛酷なまでに禁じたわれわれの偉大なる王族としてのひとりのエジプト人とは、まったく別人であるとの印象は否定できない。われわれのエジプト人モーセとミディアンのモーセとの相違の著しさは、普遍的な神アートンと神々の山に棲む悪魔たるヤハウェとの相違の著しさに等しいと言ってもよかろう。そして、この最近の歴史家の報告にわれわれが一定程度の信をおくとするならば、モーセはひとりのエジプト人であったろうという想定から紡ぎ出そうとしてきた糸はまたしても断ち切られてしまった、と認めざるをえない。そして今回は、断ち切られた糸をもとのように結び直す希望は失われてしまったかと思われる。

(5)

ところが予期しなかったことだが、ここでもまた、ひとつの出口が見えてくる。カデシュの祭司という存在を超えてモーセのなかにひとつの人物像を認めようとする努力、伝承が賞賛しているモーセの偉大さを確証しようとする努力は、Ed・マイヤーの研究が公表されたのちも、やむことがなかった（グレスマン、その他の研究者）。そして、一九二二年に至って、Ed・ゼリンがわれわれの立てた問題に決定的な影響を与える発見をした。* ゼリンは預言者ホセア（紀元前八世紀後半）の言葉のなかに、宗教創設者モーセが反抗的で強欲なユダヤの民の反乱によって暴力的に殺害された、との内容を告げる紛れもない伝承のしるしを見出したのだ。同時にモーセによって創設された宗教も捨て去られた。この伝承は、しかし、ホセアによるものに限られているわけではなく、後年の幾多の預言者のなかにも繰り返し現れてくるのであり、ゼリンによれば、まさにほかならぬこの伝承こそがのちの世のあらゆるメシア待望の基盤になった。バビロン捕囚の終わるころ、ユダヤ民族のなかに、あまりにも屈辱的に殺害された者が死者のなかから再臨し、後悔の念に打ちひしがれた民を、おそらくはその民だけではなくすべての人びとを永続する至福の王国へと導いてくれるだろうという希望が育ってきた。のちの世に現れたもうひとりの宗教創設者との一見して明らかな関連は、われわれの論ずることではない。

＊ Ed・ゼリン『モーセ、イスラエル・ユダヤ宗教史にとっての彼の意義』一九二二年。

ゼリンが預言者による一節を正しく解読しているか否か、を決定できるような立場に私がいないのは言うまでもない。しかしゼリンが正しいとするならば、彼によって認められた伝承は歴史的な真実として信頼されてよい重みがあるだろう。なぜなら、このような事態は容易には捏造されえないからである。ここには明瞭に理解される動機が欠けている。しかし事態は現実に起きたのだ。となれば道理はわかりやすい。つまり、人びとはこの事態を忘却せんと欲したのだ。伝承のなかのすべての個別的な事柄を考える必要はわれわれにはない。ゼリンは東ヨルダンにあるシティムの地をモーセへの凶行がなされた舞台と見なしている。しかしこのような地域の特定がわれわれの思索にとって受け容れられない理由は、じきに承認されるだろう。

エジプト人モーセがユダヤ人によって打ち殺され、モーセによって伝えられた宗教が捨て去られた、という考えをわれわれはゼリンから借用する。この考えは、歴史学的研究の信頼するに足る成果と矛盾せず、いったん断ち切られたかに思われた糸をふたたび紡いで行くのを許してくれる。しかしこの考え以外に関しては研究者に依存せず、独自に「わが道を行く」ことにする。エジプト脱出は今もなおわれわれの研究の出発点であり続ける。モーセとともにエジプトの地を離れた人びとの数はかなり大勢であったに相違あるまい。

もしも小さな群れであったなら、それは野心に満ち偉大なる仕事を志すひとりの男にとって骨折りがいのないことだったろう。エジプトへ移住したユダヤ人は、民族に属する人数が相当多くなるくらい長いあいだそこで生活していたと考えるべきであろう。とはいえ、のちのユダヤ民族のごく一部分だけがエジプトにまつわる運命を経験したに過ぎないと多くの研究者とともに考えることも、確かに、われわれを誤りから救うだろう。言い方を換えるならば、エジプトから戻ってきた部族は、そののち、エジプトとカナンのあいだの地域で、そこに昔から定住していた別の近しい間柄にある諸部族と一体化したのである。この一体化からイスラエル民族が現れたわけだが、この一体化の表現こそ、すべての部族に共有されたひとつの新しい宗教すなわちヤハウェの宗教の受容だったのであり、この出来事は、Ed・マイヤーに従うならば、ミディアン人の影響のもとでカデシュにおいて成就された。そののちこの民族は十分に強くなったと自覚するに至り、カナンの地への侵入を企てるほどになった。モーセと彼の宗教の破局が東ヨルダンの地で展開されたとの見解は、以上述べてきた事の成り行きと調和しない。――モーセの破局は、この民族一体化よりもずっと以前に訪れてしまっていたのでなければならない。

ユダヤ民族の組織化にあたって実に多くのさまざまな要因が絡み合っていたのは間違いないだろうが、しかし、諸部族のあいだの最も大きな差異を生んでいたのがエジプトに滞在しそこで起こった一連の出来事を共に経験したか否か、という点であったのは確実である。この観点から考えるならば、国家が二つの構成要素の統合から生まれたと見なされてよいだろうし、この国家が短い期間ののちふたたび二つの政治単位、すなわちイスラエル王国とユダヤ王国へと分離した事実も分かりやすくなる。歴史はこのような復元過程を好むのであって、この過程のなかで、後年になって生じた融合は元の状態へと押し戻され、かつての分裂状態がふたたび出現する。このような例のなかで最も印象深いのは周知のごとく宗教改革が起こした事態であった。宗教改革はかつてローマ領に属したゲルマニアと独立し続けていたゲルマニアのあいだの境界線を、千年以上の時の流れののちにふたたび出現させてしまった。ユダヤ民族の場合、以前の状態のそっくりそのままの再出現を証明するのはわれわれには難しいだろう。つまり、北の王国には昔からの定住者が、南の王国にはエジプトからの帰還者がふたたび寄り集まったのだろうとの主張を承認するためには、この時代に関するわれわれの知識は余りにも不確実なのだ。けれども、のちの南北への解体をみるならば、ここでもまた以前の接合状態との関連なしにはこの解体はありえなかったと言ってよかろう。かつてのエジプト人たちは、おそらく、民族の人数においては他の諸部族よりも少なかったであろう。しかし、かつてのエジプト人たちは文化的に、より強き者たちであった。かつてのエジプト人たちは、他の諸部族が持っていなかった伝承を持っていたがゆえに、民族全体のさらなる発展に力強い影響力を発揮した。

ところで、伝承よりも明瞭に把握できる何か別のものがまだ残されているかもしれない。

ユダヤの太古の最大の謎のなかにレビ族の来歴という一件がある。レビ族はイスラエル一二部族のなかのひとつ、レビを祖とする部族を起源とするが、いかなる伝承も、この部族が元来どこに住んでいたのか、あるいは、征服されたカナンの地のどの部分がレビ族に配分されたのか、はっきりと言明していない。レビ族は最も重要な祭司の地位を占めているが、しかしながら、普通の祭司からは区別されている。レビ人が必ず祭司であるわけではない。レビは排他的職業階級の名前ではない。この謎を解くにあたってモーセという人物に関するわれわれの前提は説明を与えてくれる。そもそもエジプト人モーセのような身分の高い男が部下を伴わず単身で異民族のところにおもむいたなどという話は信じられない。彼は、間違いなく、彼の従者を、彼の側近の信奉者を、彼の書記を、彼の召し使いを、伴って行ったはずである。そしてこの者たちは元来レビ人だったのだ。モーセその人がひとりのレビ人であったと主張する伝承は、事態の見え透いた歪曲の所産と思われる。レビ族はモーセ配下の者たちであった。この解答は、唯一レビ族のなかにのみ後年なおエジプト語の名前が現れる*という、私が先の論文ですでに述べておいた主題によっても支持される。このモーセ配下の人びとのうち、かなりの数の者がモーセとその宗教創設を襲った破局から免れたと考えてよかろう。この人びとは続く数世代のうちに増えて行き、彼らが共に生活していた民族と融合したけれども、彼らはその主人モーセには忠実であり続け、モーセへの追憶の念を抱き続け、そしてモーセの教えの伝統を育んだ。ヤハウェを信仰する人びと一体化したころ、このレビ人たちは影響力の大きな、他民族に文化的にまさる少数派を形成していた。

＊ この考えは、古代ユダヤ文書に対するエジプトの影響に関するヤフダの論述とよく一致している。A・S・ヤフダ『エジプト語との関連におけるモーセ五書の言葉』一九二九年、を参照せよ。

私は、モーセの破滅とカデシュにおける宗教創設のあいだには、二世代、それどころかおそらくは一世紀の時間が経過したということを、とりあえず仮説として提出する。区別を明瞭にするために私はエジプトから帰還したユダヤ人をネオ・エジプト人と名づけておくことにするが、このネオ・エジプト人はヤハウェ教を受け容れたのちに近しいユダヤ民族と合体したのか、それとも受け容れる前に合体してしまったのか、これに決定を下すべを私は知らない。ネオ・エジプト人たちはヤハウェ教を受け容れる前に他部族と合体したと考える方が真理に近いかもしれない。だが、結果的に見るならばどちらでも同じになる。カデシュの地で行われたのはひとつの妥協であったわけだが、この妥協にモーセの民が関与したのは紛れもない。

ここで、またしても、割礼という証拠を持ち出してもよかろう。割礼はわれわれにとって、言わば考古学的な導きの化石として、繰り返し極めて重要な任務を果たしてきた。この慣習はヤハウェ教においてもまた掟となった。そして割礼はエジプトと分かち難く結びついているわけであるから、この受容は、モーセの民への譲歩以外のなにものでもありえなかったろう。モーセの民――あるいは彼らのなかのレビ人たち――は聖化のしるしを決して放棄しようとはしなかった。割礼だけはモーセの民が昔の宗教のままに護り抜こうとしたのであり、そのためには、彼らは新しい神性を受け容れ、ミディアンの祭司がヤハウェという神性について物語った事柄をも受け容れるつもりになっていた。モーセの民はさらに別の妥協をした可能性もある。ユダヤの儀式書が神の名前を用いるにあたって一定の制限を規定していることはすでに述べた。ヤハウェのかわりにアドナイと言わなければならない。この規定をわれわれの文脈に持ち込むのは自然なやり方だが、それは十分に確かな拠り所を欠く憶測となろう。神の名前をみだりに口にすることへの禁止は周知のように太古のタブーである。これがなぜほかならぬユダヤの立法のなかで復活させられたのかは理解できない。新しい要因の影響のもとでこの復活が起こった可能性は除外できない。しかし、この禁止が一貫して遂行されたと考える必要はないだろう。神の名前にちなむ人名の形成すなわち複合名をつくるにあたってヤハウェ神の名前は自由に用いられた(ヨカナン、イェーフ、ヨシュア)。しかしながら、神の名前に関しては、やはり特別な事情があった。批判的な聖書研究がモーセ六書に二つの原典を想定しているのはよく知られている。この二つの原典はそれぞれJ、E、と標記されるが、これは一方がヤハウェという神の名前を、他方がエロヒムという神の名前を使用して記録されているためである。なるほどエロヒムはアドナイではないけれども、こんにちの研究者の言葉が忘れられてはならないだろう。「さまざまの異なる名前は、根源的に異なっている神々が存在していたことを明瞭に示すしるしである。*」

＊ グレスマン、前掲書、五四ページ。

われわれは割礼の保持をカデシュでの宗教創設に際してひとつの妥協がなされた証拠と見なした。この妥協の内実はJとEの記録の一致から見て取れるのであって、それゆえJとEとはひとつの共通の根源（文書であれ口承であれ）を持っていることになる。この動きを導いたのは新たな神ヤハウェの偉大さと力強さを明示せんとする意図であった。モーセの民はエジプト脱出の体験に大変に高い価値を認めていたゆえ、まさにそれゆえにこそ、この解放行為はヤハウェのおかげとされなければならなかった。そしてこの出来事には、火の神の驚嘆すべき偉大さをはっきりと打ち出すべく、さまざまな粉飾が加えられることになった。煙の柱は夜になると火の柱に変身し、嵐が紅海の水をしばしのあいだ干上がらせ、エジプトの追跡者は戻ってきた海水にのまれて溺れた、というように。このような粉飾に際して、エジプト脱出と宗教創設は近接させられ、二つの出来事のあいだの長い期間は圧縮され無視された。また立法もカデシュではなく、火山の噴火の予兆を示す神の山の麓でなされたことになった。しかしこのような描写はモーセという男への追憶に対する重大な不正であった。まったくのところ、ユダヤの民をエジプトから解放したのは決して火の神などではなく、まさしくモーセというひとりの男にほかならなかったからである。そのためモーセに対して償いをする負い目が生じ、この償いは、モーセをカデシュの地あるいはシナイ・ホレブへと移し置き、モーセをミディアンの祭司の地位に置くことでなされた。この解決策によって第二の避けようもなく現れてくる意図も満たされた点については、のちに述べよう。ともかくこのようなやり方で言わば埋め合わせがなされたので、ミディアンの山に棲んでいたヤハウェはエジプトまで遠征したことになり、モーセの存在と活躍の舞台はカデシュや東ヨルダンにまで移されてしまった。こうして彼はのちの世の宗教創設者としての人物すなわちミディアン人イェトロの娘婿と融合させられ、この人物に彼のモーセという名前を貸し与える結果となった。しかしこのもうひとりの別のモーセに関して個人的な事柄をわれわれは何ひとつ語りえない。——彼は別人であるエジプト人モーセの存在によって完全にぼやけてしまっている。それゆえ、聖書のなかの記録に見られるモーセの性格特徴の矛盾も指摘されるだろう。聖書のなかのモーセは、しきりと、高圧的、癇癪持ち、それどころか暴力的と記述されているのだが、しかしながら、あらゆる人間のうちで最も温和で忍耐強い、ともいわれている。あとの方の特徴がモーセに従う民とともに大変に大きく困難な偉業を企てたエジプト人モーセにほとんど当てはまらないのは明らかである。おそらくあとの方の特徴はもうひとりのミディアン人のものだろう。このようなわけであるから、この二人の人物をふたたびはっきりと区別し、エジプトのモーセは一度もカデシュにいたことがないしヤハウェという名前も一度も耳にしたことがなく、また、ミディアンのモーセは一度もエジプトに足を踏み入れたことがなくアートンについては何も知らなかった、と考えるのが妥当であると私は思っている。この二人の人物を接合させるという目的のために、エジプトのモーセをミディアンまで持ってくる任務が伝承と伝説形成とに課せられたのであり、これに関しては、いくつもの説明が流布している。

(6)

イスラエルの民の太古の歴史の再構築を余りにも大胆かつ不当な確信でもって論じている、との非難の声をまたしても耳にするであろうとわれわれは承知している。しかしこのような批判も、われわれの判断とこだまし合っている程度のものに過ぎないので、大した打撃にはならない。われわれの組み立てが弱点を持っているのを、けれどもまた強い面を持っているのをわれわれ自身が承知している。全体としては、この仕事をこれまでやってきた方向に向けて続けることが苦労のし甲斐があるとの印象を強く受けている。こんにち手許にある聖書の記載は価値の高い、いやそれどころか評価しても余りあるほどの歴史に関する陳述を含んでいるのだが、強力な意図の影響を受けて歪曲され、文学的な作為に満ちた創作によって粉飾されてしまっている。これまでの研究努力のなかで、われわれはこの歪曲へと向かう流れのうちのひとつを見つけ出すことに成功した。この発見はさらなる道を指し示している。われわれはこのような歪曲せんとする意図をさらに多く見出して行かねばならない。このような意図によってなされた歪曲がはっきりと認められるような拠り所を手に入れるならば、そのとき、われわれはもろもろの歪曲の背後に潜んでいる真実の新たな断片を白日のもとに曝すことになろう。

まず批判的聖書研究が旧約六書（モーセ五書およびヨシュア記。ここでわれわれが関心を寄せるのはこの六書だけである）の成立史について知りえている事柄を述べておきたい。[*]最古の原典はJとされているが、これはヤハウェの祭司 Jahvist の意であり、最近の研究ではダビデ王の同時代人であるエプヤタルという祭司のことであると認められつつある。[**]いくらかのちになって、どれくらい遅れてかは分からないが、北の王国に属するいわゆるエロヒムの祭司 Elohist が現れる。[***]紀元前七二二年に北の王国が没落したのち、ひとりのユダヤの祭司がJとEの各部分を相互に取りまとめて統一し、自分の記述もこれに書き入れた。この人物が編纂したものはJEと標記されている。紀元前七世紀には第五の書である『申命記』が付け加えられるが、これは全部まとまったかたちで神殿のなかで発見されたという。この神殿が破壊された（紀元前五八六年）のち、捕囚の期間のあいだに、そして帰還してから書き直しが行われ、これは「祭司資料」と呼ばれる。紀元前五世紀にこの資料は最終的に編集され、それ以後、本質的な改変はなされていない。[****]

* エンサイクロペディア・ブリタニカ、第一一版、一九一〇年、聖書の項。

** アウエルバッハ『荒野と約束の地』一九三二年、を見よ。

*** ヤハウェの祭司とエロヒムの祭司とは一七五三年にアストラックによって最初に区別された。

**** ユダヤ人という型の最終的な固定化はキリスト生誕前五世紀のエズラとネヘミヤによる改革の結果であったことは歴史的に確実視されている。つまり捕囚時代ののち、ユダヤ人に好意的なペルシャの支配下における出来事であった。われわれの計算によれば、モーセ出現後おおよそ九〇〇年の年月が流れたのちのことであった。この改革では民族全体の聖化を目的とする規定が重視され、異民族との結婚を禁止するため周囲の民族からの分離が行われ、本来の掟の書たるモーセ五書が最終的な形式に至り、祭司資料として知られている資料の修正が完了した。とは言うものの、この改革は新たな動向を導入したわけではなく、以前からの流れを受容し確実にした、とする方が事実に近いだろう。

ダビデ王とその時代の歴史叙述はほとんど間違いなく同時代人の業績であろう。これは「歴史の父」ヘロドトスに先駆けること五〇〇年も早くになされた正当な歴史記述である。われわれが想定した意味におけるエジプトからの影響を考えるならば、このような業績が達成されたわけが理解されやすくなる。* 太古時代のイスラエル人すなわちモーセの書記たちが最初期のアルファベットの発明に無関係ではなかったろうという推測すら現れているくらいなのだ。** 大昔の時代に関する報告が大昔の記録や口承にどれくらい深く起因しているのか、また、個々の場合に、出来事の発生とその歴史認識の定着のあいだにどれくらいの時間が流れたのか、これはもちろんわれわれには知る由もない。それは確かにそうなのだが、こんにちわれわれが目にする原典が、それ自体、辿ってきた運命について多くを物語っているのは事実である。二つの互いに反立し合う取り扱いがなされた痕跡が原典には残されている。一方では秘められた意図に基づく改竄、削除、拡大解釈という加工が露骨に原文に対してなされ、意味が逆になってしまっている。他方では、整合性を持とうが相殺し合って意味を失おうがおかまいなしに、あったがままのすべてを保存せんとするおおらかな敬虔の念が原文にはっきりと認められる。それゆえ、原典のほとんどすべての箇所に明白な脱落、煩わしい反復、はっきりとした矛盾が現れているのだが、これらは、伝えたくなかった事柄の存在をわれわれに仄めかす徴候にほかならない。原典の歪曲には殺人に似たものがある。難しいのは殺人を行うことではなく、犯行の痕跡を消し去ることなのだ。「歪曲」Entstellung なる語には二重の意味が与えられてよかろう。こんにち使用されていなくとも、これは正当な要求である。この語はただ単に外観を変えることを意味するだけではなく、また、別の場所に持って行く、別の方向へ移し置くことをも意味している。このように考えてくると、歪曲された原典の多くの箇所で、抑圧されたものと否認されたものが、実際には変形され文脈から切り離されているだろうけれども、やはりどこかに隠されているのを発見しうると期待してもよかろう。ただしこの認識作業がいつも容易にできるわけではない。

* ヤフダ、前掲書、参照のこと。

** モーセの書記たちが一切の造形を禁止する掟のもとにいたとするならば、まさしく彼らは象形文字を放棄し新たな言語表現のための文字を作り上げる動機を持っていたことになる。——アウエルバッハ、前掲書、一四二ページを参照のこと。

われわれがこれから摑まえようとしている歪曲への秘められた意図は、あらゆる文書記録ができあがる前、すでにして伝承に対して力を及ぼしていたに相違ない。このような意図のなかでおそらくは最も強力なもののひとつをわれわれはすでに見出しておいた。先に論じたことだが、カデシュの地にヤハウェという新たな神を設定したと同時に、その神の栄光を讃美する必要性が結果的に生じた。より適切に言えば、ヤハウェが据え置かれ、ヤハウェのための場所が創り出され、それまで存在していたあらゆる宗教の諸痕跡が消し去られなければならなかった。これはそこに定住していた諸部族の宗教については完全にうまくいったように思われ、われわれは消去されたものに関して一切耳にしなくなってしまった。エジプトからの帰還者たちにとっては、しかし、これは容易ではなかった。この者たちはエジプト脱出の体験、モーセという男への追憶、割礼という慣習を一掃できなかった。つまり彼らはエジプトに入って住んでいたのであるが、そこをふたたび去ったのであり、それからのちはエジプトの影響のすべての痕跡が否認されるべきものとなったのだろう。モーセをミディアンへ、そしてカデシュへと移し置き、彼を宗教創設者としてのヤハウェの祭司と融合させる処理によって、モーセという男は片づけられた。エジプトへの従属の最も重いしるしである割礼は保持されざるをえなかった。とはいえ、あらゆる明白な証拠に抗してまでもこの慣習をエジプトから切り離そうとする試みがなおざりにされたわけではなかった。だが、この隠そうにも隠し切れない事態に対する意図的な異論としてしか理解しえないような謎めいた文章が『出エジプト記』のなかに記されている。すなわち、モーセが割礼をないがしろにしたために、ある日ヤハウェは彼に対して怒りを発し、モーセのミディアン人の妻が咄嗟の手術を行ってモーセの命を救った、との文章である！　われわれはもうすぐあとで、この都合の悪い証拠文言を無害にするための別の考えを耳にするだろう。

ヤハウェがユダヤ民族にとって新しい無縁の神であった事実を否定せんとする努力は実際になされただろうが、これは秘められた意図が新たに露呈してきたと見るべき動きではなく、おそらくは以前から継続してきた動向であろう。この意図のなかで、民族の太祖アブラハム、イサク、そしてヤコブにまつわる伝説が取り込まれているからである。ところが、ヤハウェは、自身がすでにしてこれら太祖たちの神であったと明言するのだけれども、太祖たちがヤハウェという名前で自分を崇拝していたわけではなかったことを容認せざるをえない。*

* この経過からすると、この新たな神の名前を使用するにあたっての制限は理解しにくくなるどころか、実際、ありそうもない話になってしまう。

では太祖の時代にいかなる別の名前で呼ばれていたのか、ヤハウェは語っていない。そしてここにこそ、割礼という慣習がエジプト由来である事実に対して決定的な打撃を与えるはずの機縁が現れてくる。ヤハウェは割礼の掟をすでにアブラハムに要求していたのであり、割礼をおのれとアブラハムの子孫たちとのあいだの契約のしるしにした、と。ところがこれは特別に拙劣な作り話であった。ひとりの人間を他の人間から区別し他の人間たちよりも優遇するしるしとしては、他の人間たちには決して見出せない何かが選ばれるべきで、幾百万もの他の人間が同じように示しうるものであってはなるまい。ところが、ひとりのイスラエル人がエジプトに移し置かれると、彼はすべてのエジプト人を契約における同胞として、ヤハウェのもとにおける同胞として認めなければならないのだ。エジプトでは割礼が親しまれた土着の風習であった事実を、聖書原典を創作したイスラエル人が知らなかったとは考えられない。Ed・マイヤーが論じている『ヨシュア記』の箇所もこの事実を遠慮もせずに認めてしまっているが、この箇所はまさしくいかなる代価を払っても否認されねばならなかったものだろう。

宗教的な神話形成にあたっては、それが論理的整合性を持つよう考え抜かれることが要求されるべきではないだろう。もし論理的整合性を要求するのであれば、かつて祖先とのあいだで相互に義務を果たすとの契約を結んでおきながらその後幾世紀ものあいだ人間の側を放っておいて、そして突然新たに子孫たちの前におのれを開示せんと思いつく、というような神性の振る舞いは民族感情に不快感を与えて当然であろう。それ以上に奇異な印象を与えるのは、神が突然にひとつの民族を「選び出し」、その民族をおのれの民族であると、おのれをその民族の神であると言明するとの考えである。私は思うのだが、このようなことは、人間の宗教史上唯一無比である。通常の場合、神と民族は分かち難く結びついていて、両者はそもそもの始源から一体である。ある民族がそれまでとは別の神を受容れるという話は実際のところ希ではないが、しかし、ある神がそれまでとは別の民族を選択するなどという話は聞いたことがない。この一回限りの出来事を理解して行くには、おそらく、われわれはモーセとユダヤ民族のあいだの関係をしっかりと想起しなければなるまい。モーセこそがユダヤの民のなかに身を落とし、彼らをモーセの民族としたのだ。ユダヤ民族はモーセによって「選ばれた民族」だったのだ。*

* ヤハウェは疑問の余地もなく火の神、火山の神であった。エジプトに住む人びとにとって、この神を信仰するいわれはまったくない。ヤハウェという名前が別の神々の名前の語根、たとえばユ・ピテルJu-piter（ヨフィスJovis）の語根とよく響き合うことに驚かされたのは、私が最初というわけではあるまい。ヘブライ語のヤハウェの短縮形から組み立てられたヨカナンJochanan（これはたとえばゴットホルトの意であり、カルタゴの同義語はハンニバルHannibal）は、ヨハン、ジョン、ジャン、ファンなどのかたちをとって、ヨーロッパの全キリスト教徒にいちばん好まれる名前となっている。イタリア人がこのような名前をジョヴァンニGiovanniと翻訳し、週の一曜日をジョヴェディと呼ぶとき、彼らは類似の事情をまたしても明るみに出しているが、これは無意味であるかもしれないけれども、非常に多くの事柄を意味しているかもしれない。ここには広大な、しかしまたかなり不確かな展望が開けて

くる。地中海東部沿岸辺りの諸国は、歴史的研究がほとんど解明できなかった暗黒の幾世紀かのあいだ、頻繁かつ激烈な火山噴火の舞台であって、火山噴火は、そこの住民に強烈な印象を与えたに相違ない、と思われる。クノッソスのミノス神殿の最終的な崩壊も地震の結果であったとエヴァンズは考えている。クレタにおいては当時、エーゲ海周辺世界全般に関して言えることだろうが、偉大なる母性神が信仰されていた。ところが、火山の強大な攻撃に抗して彼ら住民の家を守護する力が母性神には欠けている事態が目の当たりにされて、母性神が男性神に席を譲らざるをえなくなった可能性はあったわけで、そこで、火の神が母性神に取って代わる最初の資格を得た。ゼウスはまさしくいまもなお「大地を震撼させるもの」である。この暗黒の時代に母性神が男性の神々（おそらく元来は母性神の息子たちであったか？）に取って代わられたことはほとんど疑いえない。とりわけ印象深いのはパラス・アテナの運命であって、この女神は母性神の地方形態であったのだが、宗教上の革新によって娘へと格下げされ、彼女自身の母親を奪われてしまっただけでなく、若い乙女の処女性を強制されてしまい、母性神になる能力を永続的に剝奪されてしまった。

太祖たちを歴史のなかに取り込むことは、また、別の意図にもかなっていた。彼らはカナンの地で生活していたのであり、その思い出はこの地方の特定の場所に結びついていた。おそらく彼ら自身が元来はカナンの英雄たちあるいは地方神たちだったのであり、のちになって、移住してきたイスラエル人によってその前史を形成するために取り込まれたのだろう。この先祖たちが証人として引き合いに出されるならば、言わばイスラエル人の土着性が承認されることになり、異国エジプトの征服者にまつわる憎悪の念も鎮められたわけである。自分たちの先祖が昔所有していたものをヤハウェ神が返してくれただけだとは実に巧妙な言い回しではないか。

聖書原典への後年の書き込みではカデシュへの言及を避けようとする意図が一貫して続いていた。宗教創設の場所は最終的には神の山シナイ・ホレブとなった。この経緯に関する動機は明瞭には分からない。おそらくはミディアンの影響が想起されることが望ましくなかったのだろう。しかしそののちに、特にいわゆる祭司資料時代になされた歪曲は、すべて別の意図に沿ったものである。いろいろな出来事についての報告を都合のよいものに変更する必要はもはやなくなっていた。なぜなら、このような改変はすでにずっと昔になされてしまっていたからである。別の意図に沿った歪曲とは、現下の戒律と制度の成立を以前の時代へと溯って措定し、現下の戒律と制度をことごとくモーセの立法に基づくものと見なし、それによって現下の戒律と制度の神聖性および拘束力の必然性を導き出すという努力にほかならなかった。このようにしてまで過去のありさまの捏造が強く欲せられたとなれば、この処理に特定の心理学的な理由があって当然であろう。このことは、長い時の流れのなかで——エジプト脱出からエズラとネヘミアのもとでの聖書文章確定までおよそ八〇〇年の歳月が流れている——ヤハウェ教が過去に溯ってつくられ、根源的なモーセ教と調和し合うようにされ、おそらくはモーセ教と同一のものとされた事実と軌を一にしている。

そしてこの事実こそが、本質的な決着、ユダヤ宗教史における運命的に重要な正体にほかならない。

（7）

のちの世の詩人、祭司、歴史家が造形せんとした太古のあらゆる出来事のなかで、極めて分かりやすい、いかにも人間臭い動機によって隠蔽されたひとつの出来事が際立ってくる。それこそ、偉大なる指導者にして解放者たるモーセが殺害された一件であって、これはゼリンが預言者の示唆的な言葉から推測したものであった。ゼリンの提言を空想的だなどとは言えまい。彼の提言は真実に近いと思われる。イクナートンの学校を出たモーセは王のごとく振る舞う以外のすべを知らなかった。彼は命令し、民族に彼の信仰を強要した。*モーセの教義はモーセの主人の教義よりもさらに峻厳であったかもしれない。オンの学校などモーセ配下の異民族にとっては何の意味も持ちえなかったゆえ、モーセも太陽神に依存する必要がなかったからである。モーセもイクナートンも、開明君主を待ち受ける同じ運命の道を辿った。第一八王朝時代のエジプトの民衆と同様、モーセ配下のユダヤ民族も、かくも高度に精神化された宗教に耐えることができず、このような宗教のなかにおのれの欲求の満足を見出す力を持っていなかった。両者に同じことが起こった。監督支配され不当に遇された民衆が蜂起し、課せられた宗教の重荷を投げ棄てた。しかしながら、温和なエジプト人がファラオという聖化された人物を運命の手に委ねたのに対し、荒々しいセム人は運命をおのれの手に入れ、独裁者を片づけてしまった。**

* 当時、別のやり方で感化するのはほとんど不可能であった。

** 数千年にも及ぶエジプトの歴史のなかでファラオの暴力的追放あるいはファラオ殺害という事件がいかに希であることか、これは実際、注目すべき事実である。たとえばアッシリアの歴史と比較するならば、この驚きはさらに高まるに違いない。もちろん、エジプトにおける歴史叙述がもっぱら公的な意図に奉仕していたという事実が理由である可能性は残る。

こんにち残されている聖書はこのようなモーセの最期を暗示すらしていないと明言することもできまい。「荒野のさすらい」——これはモーセによる支配の時代に該当する可能性がある——に関する報告はモーセの権威に反抗する一連の深刻な謀叛を記述しており、これは——ヤハウェの掟に基づき——流血を見る懲罰によって制圧されている。いったん起きてしまったこのような群集の蜂起が聖書が物語ろうとするものとは別の結末を迎えたと考えるのは容易だろう。もちろんひとつの挿話としてではあるが、民族の心が新しい宗教から離反したことも聖書に書かれている。それは黄金の子牛にまつわる物語であるけれども、このなかで巧妙な言い回しでもって、象徴的に理解されるべき掟の石板の粉砕（「彼は掟を破った」）がモーセ自身の所業とされ、彼の憤怒がその所業の動機だとされている。

そして人びとがモーセ殺害について悔恨の念に満たされ、この犯行を忘れようと努めるときがやってきた。この時期がカデシュにおける諸部族の合体のころであったのは間違いない。ともかくもエジプト脱出をオアシスにおける宗教創設に近づけ、ほかならぬモーセその人を宗教創設に関与させる処理によって、モーセ配下の民の要求が満たされたばかりでなく、モーセを暴力でもって片づけてしまったという不快で苦々しい事実もまたきちんと否認される結果になった。だが現実的に考えるならば、もし仮にモーセの生涯が殺害によって短縮されずに済んだとしても、モーセがカデシュにおける一連の出来事に関わりえたなどとはとても言えない。

われわれは、ここで、このようなもろもろの事件の時間的な相互関係を明瞭化すべく努めなければなるまい。われわれはエジプト脱出を第一八王朝消滅後の時代に措いた（前一三五〇年）。エジプト脱出はちょうどそのころ、あるいはごく僅かののちに起こったのであろうと考えた。なぜならエジプトの年代記作家は王朝消滅に続く無政府状態の時代を無視して、無政府状態に終止符を打ち前一三一五年まで君臨したハレムハーブの統治時代が王朝消滅に直結したと見なしているからである。エジプト年代記にとって、つぎの、しかしたったひとつの拠り所はメルネプター（前一二二五—一一五年）の石碑であり、その石碑はイシラール（イスラエル）に対する勝利およびイシラールの収穫（？）の収奪を称揚している。この碑文の価値はしかし残念ながら疑わしいものであって、この碑文は、むしろ、イスラエル民族が当時すでにカナンの地に定住してしまっていた証拠と見なされてよかろう。* Ed・マイヤーは正当にも、エジプト脱出が起こったときのファラオはこれまで考えられてきたようなメルネプターではありえない、とこの石碑から結論している。われわれにしてみれば、エジプト脱出時のファラオは誰であったかという問い自体がそもそも無意味に思われる。エジプト脱出時、ファラオはいなかった。なぜならエジプト脱出は空位時代になされたのだから。ところで、カデシュでのユダヤの民の合流と宗教の受容がいつごろ起こったかという点に関しても、メルネプター石碑の発見は何の解明力も持っていない。われわれが民族合流と宗教受容の時期に関して確実に言えるのは、それは前一三五〇年と前一二一五年のあいだのいつかだということだけである。推測するに、この百年余のなかで、エジプト脱出は初期にかなり近いであろうし、カデシュでの出来事は終わりのころからそう遠くはないであろう。この百年余の時間の大部分がこの二つの出来事のあいだに収まるとわれわれは考えたい。すなわち、エジプトからの帰還者たちのあいだでモーセ殺害へと向かった激情が鎮静化し、モーセの民つまりレビ人たちの影響力がカデシュにおける妥協を引き出すほどに大きくなるまでには、われわれはかなり長い歳月を考えなければならないわけだ。二世代、六〇年かかればこれに十分かもしれないが、それでもなお短か過ぎるかもしれない。メルネプター石碑から結論を下すには時機尚早なのであり、われわれの構成においてこの点ではひとつの仮説がもうひとつ別の仮説に基づいているだけに過ぎないと認めざるをえないゆえ、この議論がわれわれの構築の脆弱な面を暴露しているのは事実である。ともかく残念ながら、ユダヤ民族のカナン定住に関する一切の事柄は余りにも不明瞭であり、まとめようがない。たとえば、イスラエル石碑に刻されている名前は、われわれが運命を追尋している部族およびのちのイスラエル民族へと合流した部族とは何の関係もないという報告くらいしか、われわれの手許にはないのである。なにしろハビル＝ヘブライ人という名前ですらアマルナ時代からこの民族の上に冠せられたくらいなのだから。

＊ Ed・マイヤー、前掲書、二二二ページ。

ユダヤの諸部族がひとつの共通の宗教を受け容れつつ一国民へと統合されていったのがいつごろのことであろうとも、それ自体は世界史にとってはまったくどうでもよい一幕劇に過ぎなかったかもしれない。この新しい宗教はもろもろの出来事の奔流に呑まれ去り、ヤハウェは詩人フロベールが眺望したような古い神々の行列のなかに小さな居場所を見出し、また、ヤハウェの民は、アングロサクソン系の研究者が長いあいだ追い求めてきた一〇の部族ばかりでなく一二部族すべてが「失われ」てしまう、という成り行きに至ったとしても何ら不思議ではなかっただろう。ミディアンのモーセが当時の新民族に教えたヤハウェ神は、確かに、いかなる視点から見ても飛び抜けて偉大な存在ではなかった。粗野で傲慢な一地方神、暴力を好み血に飢えたものであった。この神が信者たちに「乳と蜜があふれ流れる」地を与えると約束し、その地に前から住んでいた人びとを「鋭利な刃で」皆殺しにしてしまえと命じたのだ。さまざまの修正が加えられたにもかかわらず、聖書のなかにこの神の元来の本性を教えてくれる多くの文章がそのままに残されているのは奇妙と言ってよいだろう。ヤハウェ教がほんとうの一神教だったのか、この宗教が他民族の神々と神格をめぐって闘争したのか、これすら、あやしいものである。おそらく、自分たちの神がすべての他の神々よりも強ければよい、くらいのことであったに過ぎまい。それにもかかわらず、事のすべてがこのような端緒から予想されるのとは別の経過を結果的には辿ってしまったのだが、これに関する理由として、われわれはただひとつの事実しか見出せない。すなわち、エジプトのモーセが、民族の一部の人びとに、元来のヤハウェ神とは別の、より高度に精神化された神の観念を与えたということ、唯一の、全世界を包括する神性、全能の力を有するだけでなく万物を愛で包む神性、一切の儀式や魔術を嫌悪して人間に真理と正義に生きることを至高の目標として定め示した神性の理念を与えたという事実、これこそがわれわれが見出すただひとつの理由にほかならない。そうであればこそ、アートン教の倫理的側面に関するわれわれの報告は不十分であったかもしれないが、イクナートンが彼自身の手による碑銘のなかにいつも「マート（真理、正義）に生きる」と刻していた事実は無意味とは言えないのである。* ユダヤ民族がおそらくはエジプト脱出ののち間もなくモーセの教えを投げ棄てモーセその人を殺害してしまった件は、長い時の流れのなかでは決定的な出来事ではなかった。モーセにまつわる伝承は生き残り、伝承の力が、もちろん幾世紀もの時の経過のなかでゆっくりとではあったろうが、ついにモーセ自身がやりのこした仕事を達成してしまったのだ。モーセの解放行為はカデシュでの物語以来ヤハウェのおかげと記されてきたが、ヤハウェ神は受ける資格のない栄誉を受けたわけであり、この手柄横取りの代償は大きかった。ヤハウェは神の場を占拠したが、その神の影がヤハウェよりも強力になってしまったのである。この展開の終幕に至って、ヤハウェ神の背後に、忘却されたはずのモーセの神が現れてきた。ヤハウェとは別のこの神の理念のみが、イスラエルの民にあらゆる運命の痛撃に耐えさせ、この民にわれわれの時代まで生き抜く力を与えてくれたことを疑う者などひとりもいまい。

＊ イクナートンの頌歌は神の普遍性と唯一性を強調しているにとどまらず、また、ありとあらゆる被造物への神の愛情にあふれた配慮をも謳い、自然に触れることの歓び、その美しさの享受へと人びとを誘っている。ブレステッド『良心のあけぼの』参照のこと。

ヤハウェに対するモーセの神の最終的勝利にレビ人たちが関わっていたか否か、もはや確かなことは言えない。カデシュで妥協がなされたとき、従者であり同国人でもあった彼らは、なお生々しい主人の姿を思い浮かべながら、モーセのために力を尽くした。そののち幾世紀かが過ぎ去るなかで、彼らは、ユダヤ民族あるいはその民族の祭司層と融合した。

祭式を発展させ指導し、さらに聖なる書物を保護し、彼らの意図に沿ったかたちでこれに修正を加えることが祭司たちの主要な仕事となった。しかしながら、すべての供犠、あらゆる儀式は、根本において、昔のモーセの教えが無条件に峻拒し去ったはずの魔法や呪術のたぐいにほかならなかったのではあるまいか？　このようなとき、民族の中心部から、もはや途切れようもなく、不屈の男たちがつぎつぎと現れるようになった。この男たちは来歴においてモーセと直接には結びついていなかったが、しかし、暗闇のなかからゆっくりと育ってきた偉大にして強力な伝承にとらえられていた。この男たち、すなわち預言者たちは倦むことなく昔のモーセの教えを語り続けた。神は犠牲を拒絶する、儀式を拒絶する、信仰のみを求める、真理と正義（「マート」）に生きることを求める、と。預言者たちの努力は永続的な成果をおさめた。預言者たちが昔の信仰を復活させることによって現れた教えはユダヤ教の不変の内実となった。もし仮に、鼓舞する力の源が、外部から、ひとりの偉大なる外国人の男から到来したものであったとしても、このような伝承を護り続け不屈の預言者たちを生み出しえた事実はユダヤ民族にとって十分に名誉なことである。

もし仮にモーセがエジプト人であったことが承認されないとしても、ユダヤ宗教史にとってのモーセの意義を同じ光のもとで眺めている別の専門知識を持つ研究者の判断と共通の基盤の上に私が立っていないとするならば、私は以上のような叙述に確かなものを感じ取れなかったであろう。そして、たとえば、ゼリン*は以下のように述べているのである。

「したがって、われわれは、モーセの元来の宗教を、モーセが告知した倫理的な神への信仰を、当初は民族のなかの小さな集団に限られて所有されていたものと考えざるをえない。公的な祭祀のなかで、祭司の宗教のなかで、民衆全体の信仰のなかで、すぐにモーセの宗教と出会えるなどとははじめから期待されるべきではない。モーセがかつて点火した精神の炎から、時折、そこかしこに、火花がいま一度もう一度と現れたのだ。モーセが掲げた理念は、死に絶えたのではなく、そこかしこに、信仰と道徳慣習の上に密かに展開されて、すみやかにであったかゆっくりとであったかは分からぬが、特別の体験の影響のもとで、あるいはモーセの精神によって特別に強くとらえられた人物たちの力によって、いま一度ふたたび強烈に立ち現れ、より広範な民衆の心に浸透していった、とわれわれはまずもって考えておくにとどめるべきだろう。まずは、このような視座から古代イスラエルの宗教史は考察されなければならない。カナンの地で開始された最初の五世紀の民族生活における宗教の歴史的な証拠はあるが、宗教の起源を求めてこれに着手し、モーセの宗教を言わば構成しようとする者は、ひどい方法上の間違いを犯すことになるだろう。」さらにはっきりしているのがフォルツ**である。彼の考えはこうである。「モーセの天に聳える業績は当初まったく不明瞭かつ不十分にしか理解されず実践もされなかったが、数世紀の時の流れのなかでだんだんと強く人心に浸透して行き、そしてついには偉大な預言者のなかに同質の精神を見出すに至り、この預言者たちがモーセという孤独な人の業績を継承したのである。」

＊　前掲書、五二ページ。

＊＊　パウル・フォルツ『モーセ』チュービンゲン、一九〇七年（六四ページ）。

ここまできて私は私の研究の結論に至ったとしてよいだろう。実際のところ私の研究は、エジプトのモーセの姿をユダヤの歴史の流れのなかに組み入れるという唯一の意図にのみ則したものだったのだから。われわれが得た成果をごく手短に公式的にまとめておく。ユダヤの歴史を貫く周知の二重性――二つの民族集団、これらは国家の形成のために合体した。二つの王国、この状況のなかでこの国家は崩壊した。聖書原典に見られる二つの神の名前。――以上のような二重性にわれわれは新たに二つの二重性を加えておく。二つの宗教創設、最初の宗教は別の宗教によって抑圧されながらも、のちになって別の宗教の背後に立ち現れ勝利をおさめるに至った。二人の宗教創始者、両者ともにモーセという同じ名前で呼ばれているが、われわれは二人の人物を互いに区別すべきである。そしてこれらの二重性のすべては、第一に挙げた二つの民族集団という二重性に淵源するのであり、民族内の一群の人びとが心的外傷と言ってもよい体験を得てしまい、残りの人びとはこれと縁がなかったという事実からの必然的な帰結なのである。以上の事柄に加えて、詳論すべきこと、説明すべきこと、主張すべきことはなお無数に存在しているであろう。その作業がなされたときはじめて、われわれが純粋に歴史的な研究に対して持つ関心の重要性が本当に肯定されるのだろう。伝承なるものの本来の正体はどこに存するのか、伝承なるものの独特の力はどこに基づいているのか、世界史に対する個々の偉大な男たちの個性的な影響力を否定することがいかに不可能であるか、物質的欲求からの動機だけが承認された場合、人間の生活の大いなる多様性に対していかなる犯罪的所業がなされる結果になるか、いかなる源泉から人間や諸民族の心を征服するような力を、多くの、とりわけ宗教的な理念は汲み取るのであるか——これらすべての問題をユダヤの歴史という特殊事例に則して研究するのは魅惑的な課題であろう。私の仕事をこのような方向へ進めて行くならば、私が二五年前に書いた『トーテムとタブー』のなかで論述した内実につながるのかもしれない。しかし、このような仕事を成し遂げて行く力は、もう私には残されていないように思われる。

III

モーセ、彼の民族、一神教

第一部

緒言Ⅰ（一九三八年三月以前）

もはや失うものがない、あるいはほとんど失うものがない者に固有の大胆さでもって、私は十分に納得した上での決意をもう二度目ではあるが翻し、『イマーゴ』（第二三巻、一号と三号）に掲載したモーセに関する二つの論文に、これまで差し控えておいた結末部を付け加えることにする。この仕事を成し遂げるためには私のもろもろの力はもうないであろうと自覚している旨を私はすでに明瞭に述べたし、高齢ゆえの創造力の減衰*という事態ももちろん考えたのではあるが、しかし、さらになお別の障害をも念頭においていた。

* バーナード・ショウは、三百歳になれば人間ははじめて何かしらきちんとした仕事ができるであろうとの考えを示しているが、私はこの同時代人の意見に賛成しかねる。寿命が延びてもどうしようもないだろう。つまり、生命と生活に関するその他もろもろの条件が根柢から変わらなければならないと思わ

れるのだ。

われわれは特別に奇妙な時代に生きている。進歩が野蛮と同盟を結んでしまっているのを眺めるにつけ、われわれは驚きの念を禁じえない。ソヴィエト・ロシアでは圧政に縛りつけられた約一億人の人びとをよりよい生活水準に持ち上げるべく企てが進められている。そこでは大胆にも宗教という「麻酔剤」が奪い取られ、賢明と言ってよいけれども常識的な程度の性的な自由も与えられているが、しかし、民衆は苛酷すぎるほどの強制のもとに置かれており、考えることの自由という可能性もことごとく奪われてしまった。似たような暴力的圧政のもとでイタリア民衆は秩序と義務感情の教育を受けている。ドイツ民衆の場合、ほとんど歴史以前とも言える野蛮への後戻りが何の進歩的理念にも依存せずに起こりうるのを見ることができるのだが、これは、重苦しい憂慮の軽減と感じられている始末である。いずれにせよ、こんにちでは、保守的な民主主義諸国家が文化の進歩の保護者となってしまっており、実に奇妙な現実だが、ほかならぬカトリック教会制度が上述したような文化の危険性の拡大に力強い防衛力でもって対抗している状況になっている。これまでは、このカトリック教会制度こそが、考えることの自由および真理認識への進歩にとって宿敵であったのに！

われわれはここカトリック教の国にカトリック教会に護られて生活しているが、この庇護がいつまで持ちこたえるのか分からないけれども、この庇護が存続する限り、教会の敵愾心を惹き起こしてしまうような行動をとるのは当然ながら慎重に遠慮するつもりである。これは臆病ではない。用心深いだけである。われわれが屈服すまいとしている新しい敵は、和解すべき古い敵よりも一層危険であるのをわれわれはすでに承知している。このような事情に至る前から、われわれが育ててきた精神分析的研究はカトリック教の側から不信の目で見られてきている。それが不当であるとは言うまい。宗教を人類の神経症へと還元し、その巨大な力をわれわれが治療している個々の患者における神経症性の強迫的な力と同じものとして解明できるとの結論に研究が立ち至ったとき、われわれは確かに、われわれを支配するもろもろの権力の強烈な怒りを身近に招き入れてしまった。とはいえ、われわれは、何か新しいことを言ったわけではないし、すでに四半世紀も前に十分明瞭に言わなかった事柄をいま言っているわけでもない。二五年前に言われたことがただ忘れられているに過ぎない。それゆえ、われわれがそれをこんにち只今繰り返し論じ、あらゆる宗教創設にとって決定的であるような範例に則して事態を明らかにするならば、影響なしでは済まないだろう。精神分析の活動が禁止される結果にもなりかねない。抑圧という暴力的な方法は教会にとって決して無縁でないばかりか、むしろ教会は、教会以外のものがそれを使用すると自分の特権が侵害されたと感じるほどこの方法に縁が深い。精神分析は、私が長生きしているあいだに広範囲に伝わったが、しかしながら、それが生まれ育った街よりも価値のある住処をいまなお知らない。

このような宗教上の障害によって、また外的政治的危険によって、モーセに関する私の研究の結末部を公表するのを差し控えるであろうと私は思っている。というより、差し控えることをすでに知っている。さらに私は、この不安な気持ちの底には私という個人の意義についての過大評価が潜んでいるのではないかと自問して困難を除去しようともしてきた。実際のところ、私がモーセについて、一神教という宗教の根源について、何を書こうとしたところで、権力の場にとってはまったくどうでもよいことなのだろう。しかし、ここでの私の判断が本当に正しいとも思われない。むしろ、悪意と刺激好きの熱狂性とが、世間の判断に対する私の考えの甘さにつけ込んでくる事態の方がありそうなことだと思われてならない。このようなわけであるから、私はこの論文を公表しないが、しかし、書くことまで我慢する必要もあるまい。なにしろ私はこの論文をすでに一度、いまから二年前に書き終えてしまっているのであり、ただ少し修正し、先に発表した二つの論文に結びつけるだけでよいのだから。この三番目の論文は、いつの日にか危険を感じることなく公表できる時代がくるまで、あるいは、いつの日にか同じ結論と同じ見解を公言する人が、かつて暗い時代にも君と同じように考えた人物がいたのだよ、と言い聞かされる時代がくるまで、秘密のうちに保管されることになるだろう。

緒言II（一九三八年六月）

モーセという人物に結びついているこの研究を書き上げ、まとめる仕事をしているあいだに、私に重くのしかかってきたまったく特別にひどい困難な状況——内的な危惧の念、そして外的な妨害——は、この三番目の最後の論文に、相互に矛盾し合う、いやそれどころか相互に打ち消し合う二つの異なった前書きを必然的に用意させることになった。なぜなら、二つの前書きを叙する短いあいだに、筆者の外的状況が根柢から変化してしまったからである。はじめの前書きを書いた当時、私はカトリック教会の庇護のもとで生活しており、私の不安はと言えば、第三の論文の公表によって私が教会の庇護を失い、オーストリアにおける精神分析の信奉者や学習者に対し禁止令が下されるかもしれないというほどのものであった。ところが突然にドイツ軍が侵入してきたのである。カトリック教会は、聖書の言葉で言うならば、一本の「揺らめく葦」に過ぎない正体を示すに至った。いまや私の思想ゆえのみならず、加えて私の「人種」ゆえにも迫害されることが確実となり、私は多くの友人たちとともに、幼いころから七八年間にわたって故郷であり続けた街を去った。

美しく自由で寛大な心に満ちたイギリスで私は大変に友好的に受け容れられた。私はいま歓迎される客人として生活しており、ほっとして生き返った気分であって、あの忌まわしい重圧が取り除かれて、ふたたび私がしたいことを、あるいは、しなければならないことを語っても書いてもよい——いま私は危うく、考えてもよいと言うところだったが——ようになった。私は私の仕事の最後の部分を敢えて公表する。

外的な障害はもはやないし、少なくとも、恐れて尻込みしなければならないような障害はない。この地に滞在してまだほんの数週間しか過ぎていないのに私は、私の滞在を喜んでくれる友人たちから、未知の人びとから、それればかりか無関係の人びとから、無数の歓迎の手紙を受け取ったが、それらの書状はすべて均しく私がこの地で自由と安全を見出したことへの満足の念を表現しようとしていた。それに加えて、異邦人にとって驚かざるをえないほど頻繁に別種の書状も届いたが、それらは私の魂を救済せんと努めるもの、私にキリストの道を教示せんとするもの、イスラエルの将来について私に説明しようとするものである。

このように書いてくれた善良な人びとは、私に関して多くを知るすべがなかったのだろう。しかし、モーセに関するこの仕事が翻訳されて私の新しい国民同胞の知るところとなれば、私は、この人びとがいま私に示してくれている好意あふれる同情の大半を失うであろうと予想している。

内的な重苦しい気分について言えば、政治的激変も住居の移転も何ひとつ変えることができなかった。依然として私は私自身の仕事を前にして動揺しており、本来ならば作者と作品のあいだに存在しているはずの統一性と相互依存の意識が欠如しているのを感じてしまう。これは、たとえば、結論の正しさについての確信が私に欠けているという意味ではない。このような確信は私が一九一二年に『トーテムとタブー』という本を書いたとき、つまり四半世紀も前にすでに得られているのであり、以来、確信の度は強まるばかりなのだ。宗教的な現象はわれわれに馴染み深い個人の神経症症状をモデルとしてのみ理解されうる、つまり、宗教現象は人類が構成する家族の太古時代に起こり遥か昔に忘却されてしまった重大な出来事の回帰としてのみ理解されうる、そして、宗教現象はその強迫的特性をまさにこのような根源から得ているのであり、それゆえ、歴史的真実に則した宗教現象の内実の力が人間にかくも強く働きかけてくるのだ、ということを私はその当時からもはや疑ったためしがない。私の不確かな気分は、右に記されたような命題がここで選び出されたユダヤの一神教においても証明しうるかと自問するときにはじめて生じてくる。私自身が批判的に見つめて行くと、モーセという男から出発したこの仕事そのものが、一本の足の指の爪先で平衡を保っているひとりの踊り子のような姿をとってしまう。もし仮に私が遺棄神話の分析的解釈の上に立脚しえず、さらに加えて、そこからモーセの最期に関するゼリンの推測まで到達できないのであれば、この仕事全体は書かずにおかれるべきだったろう。なにはともあれ、さて、やってみよう。

二番目の、モーセに関する純粋に歴史学的な研究の結論の概要を再述することから始めよう。この結論にここで新たな批判は加えられない。なぜなら、この結論は、心理学的な論究の土台となるものであり、心理学的な論究はこの結論から出発し、繰り返しこの結論に戻って行くことになるからである。

A 歴史学的前提

われわれの関心をとらえ続けているもろもろの出来事の歴史的背景は以下のごとくである。第一八王朝の遠征と征服によってエジプトはひとつの世界帝国となった。この新たに現れた帝国主義は、民族全体ではないにしても、民族上層部の支配的かつ精神的に活動的な人びとの宗教上の考えの発展のなかにも現れてくる。オン（ヘリオポリス）の太陽神の祭司たちの影響のもとで、さらにおそらくはアジアからの刺激によって強化されて、特定の地域や特定の民族との結びつきにはもはやこだわらない普遍的なアートン神の理念が突出してくる。若いアメンホーテプ四世の登場とともに、この神の理念の展開以外の事柄にはほとんど関心を示さないファラオの絶対権力が成立する。この若い王はアートン教を国教にまで高め、この若い王によって普遍的な神は唯一神とされる。その他の神々に関して語られる一切は錯誤であり虚妄である。この若い王は徹底した厳格さでもってあらゆる魔術的思考の誘惑に対抗し、エジプト民衆にとって特別に大切であった死後の生命という幻想を切り捨てる。のちの科学的認識を驚くべき鋭敏さで先取りしているわけであるが、この若い王は、太陽光線のエネルギーにおいて地上のすべての生命の源泉を認め、太陽光線を彼の神の力の象徴として崇拝する。アメンホーテプ四世は創造を目の当たりにする歓びとマート（真理と正義）に生きることを誇りに思っている。

これは人類史上における最初にしておそらくは最も純粋な一神教の例である。この宗教が成立した歴史学的ならびに心理学的な諸条件をさらに深く洞察することは、はかりしれない価値を持つだろうと思われる。しかし、アートン教に関して多くの報告がわれわれに届いているはずもないゆえ、この点は留意されなければなるまい。イクナートンの弱々しい後継者の時代になると早くもイクナートンが創り出したものすべてが崩壊してしまった。イクナートンによって抑えつけられていた祭司たちの復讐の念はこの若い王にまつわる記憶に対する激しい怒りとなっていまや噴出するに至り、アートン教は廃止され、瀆神者の烙印を押されたファラオの王宮は破壊され略奪の手に委ねられた。紀元前一三五〇年ころ、第一八王朝は消滅した。無政府状態の時代がしばらく続いたのち、ハレムハープ将軍が秩序を回復し、将軍の統治は前一三一五年まで続いた。イクナートンの宗教改革は忘却されるべく運命づけられたひとつの挿話のように思われた。

ここまでが歴史学的に確認されている事実であり、ここから先はわれわれの仮説が参入して行く。イクナートンの身辺近くにいた人びとのなかに、おそらくはトトメスという名のひとりの男がいた。この名前の者は他にも大勢いた。[*]——この名前そのものにはさしてこだわる必要はなく、その男の名前の終わりが、-モーセであったに相違ないという点が大切である。この男は、身分が高く、アートン教の心底からの信奉者であったが、夢想家肌の王とは対照的に、精力的かつ情熱的な人物であった。この男にとって、イクナートンの死とその宗教の廃止はあらゆる希望の終焉を意味した。王室の恩恵と保護を剝奪された者として、あるいは背教者としてエジプト内に生き残ること以外の道はこの男には残されていなかった。おそらく彼は国境地域の総督であったと思われ、それゆえ、数世代前からその地に移入し生活を営んでいたセム系の民族と接触するに至ったのであろう。絶望と孤独の危機に直面し、彼はこの異民族に心を向け、異民族のなかに彼が失ってしまったものの埋め合わせを求めた。彼はこの異民族をおのれの民族として選び出し、彼の理想をこの異民族において実現せんとした。従者に伴われて異民族とともにエジプトを去ったのち、彼は異民族の人びとを割礼のしるしによって聖化し、彼らに掟を与え、彼らを、エジプト人がまさしく放棄してしまったアートン教の教えのなかに導きいれた。このモーセという男が彼のユダヤの民に与えた宗規は、主人であり教師でもあったイクナートンのものよりもさらに峻厳であったかもしれないし、おそらくモーセは、イクナートンがなお固執していたオンの太陽神への依存をも捨て去ってしまったのであろう。

＊　たとえば、テル・エル・アマルナで仕事場が発見された彫刻家もトトメスと名のっていた。

エジプト脱出の時期に関しては、前一三五〇年ののちの空位時代が当てはめられなければならない。これに続く時期つまり脱出からカナンの地の占領が成就するまでの期間は実に不明瞭である。聖書の記述が放置してしまった、あるいは聖書の記述が創り出してしまったこの暗闇のなかから、こんにちの歴史研究は二つの事実を取り出すことができた。ひとつは、E・ゼリンによって見出されたものだが、聖書そのものがはっきりと記述しているように、立法者にして指導者たるモーセに対し頑迷で反抗的であったユダヤ人たちが、ある日、謀叛を起こしてモーセを打ち殺し、まさしくかつてエジプト人がしたように、強制的に与えられたアートン教を捨て去ってしまったという事実である。もうひとつは、Ed・マイヤーによって示されたもので、エジプトから帰還してきたユダヤ人たちが後年になってパレスティナとシナイ半島とアラビアのあいだにある地域で別の近縁の諸部族と合流し、豊かな水に恵まれたカデシュの地で、アラビアのミディアン人の影響のもと、新たな宗教、火の神ヤハウェ崇拝を受け容れた事実である。この件があって間もなく、この民族は征服者としてカナンに侵攻するだけの力を持つようになった。

この二つの出来事相互の時間的関係、およびこの二つの出来事とエジプト脱出との時間的関係は、非常に分かりにくく確かなことは何も言えない。ファラオ・メルネプター（前一二一五年まで）の石碑が歴史上の分かりやすい拠り所として存在し、そこにはシリアおよびパレスティナへの遠征の被征服者のなかのひとつとして「イスラエル」と刻されている。この石碑の日付を一連の事件の最終時点と見るならば、エジプト脱出からの全経過はおおよそ一世紀（前一三五〇年から前一二一五年）となる。しかし、イスラエルという名前がわれわれの追尋している部族と関連を持たない可能性はあり、実際、われわれの前にはより長い時間経過が横たわっている可能性もある。後年のユダヤ民族のカナンへの移入は、確かに、一気になされた征服ではなく、幾度かの波状のかたちで起こった、より長い時間にわたった出来事であった。メルネプター石碑による制約から自由になって考えるならば、われわれは、より容易に一世代（三〇年間）をモーセの時代と見なして確保できるし、* それから少なくとも二世代、いや実際にはもっと多くの世代がカデシュにおける合流までに経過したとすることができる。** カデシュでの合流とカナンへの侵攻のあいだの時間は短ければ都合がよいわけだ。つまり、ユダヤの伝承は、先の論文のなかで示されたように、エジプト脱出とカデシュにおける宗教創設のあいだの期間を短縮しなければならない十分な理由をもっていた。逆にこの期間を延長することにわれわれの提言の要点がある。

* この一世代は聖書のなかの四〇年にわたる荒野のさすらいと対応するだろう。
** それゆえ、おおよそで言うならば前一三五〇（四〇）年から前一三二〇（一〇）年がモーセ時代、前一二六〇年あるいはそれ以降がカデシュの時代、メルネプター石碑が建てられたのは前一二一五年よりも昔の時代、となる。

しかしこれらすべては、われわれの歴史認識の空隙を充填する試み、つまりなお物語に近い意味での歴史にとどまっており、また一部は『イマーゴ』誌の第二論文の反復に過ぎない。われわれの重大関心事は、ユダヤ人の謀叛によって表面的には終わってしまったかに見えるモーセと彼の教えの運命の追尋にある。前一〇〇〇年ころに書かれはしたが確かにそれ以前にすでに成文化されていたものに基づいているヤハウェ祭司の記録から、われわれは、カデシュにおける民族合体と宗教創設にはひとつの妥協がなされ、この妥協の内実に則してみると双方の勢力がなおはっきりと識別されうるのを知った。一方の民族勢力にはヤハウェ神の新奇さと違和感を消し去り、民族全体がヤハウェ神に帰依するべきだとの要請を強力にする必要があった。他方の民族勢力にはエジプトからの解放および指導者モーセの偉大な姿への貴重な追憶を捨て去る気はなく、この勢力は、エジプト脱出という事実もこの男も先史の新しい叙述のなかに保存すること、少なくともモーセの宗教の目に見えるしるしである割礼を保持すること、そしておそらくは新たな神の名前の使用に一定の制限を加えることにも成功した。これらの要求を代表として突きつけたのがモーセの民の子孫、レビ人たち、ほんの数世代しかモーセの同時代人ないし民族同胞から離れておらず、なお生々しい記憶によってモーセの思い出に結びついていた人びとであったことは、すでに述べた通りである。われわれがヤハウェ祭司から、そして後年の彼らの競争者たるエロヒム祭司から受け継いでいる詩的に粉飾された叙述は、昔の出来事、モーセの宗教の正体、この偉大なる男を暴力的に排除した事件に関する真実が、のちの世代に知られぬままに永遠の安息を見出すべき墓地のようなものなのだ。そうして、われわれが事件の経過を正当に推測してきたとするならば、ここにはもはや謎めいたものは何ひとつないことになる。この出来事は、確かに、ユダヤ民族の歴史におけるモーセ物語の最終的な決着を意味しているのかもしれない。

ところが奇妙なことに事態はそのようには収まらなかった。この民族にとっての事件の体験の非常に強烈な影響力がのちになっておもてに現れるに至り、幾世紀もの時の流れのなかで徐々に現実世界のなかへ突入してきたとしか言えない事情が実に奇妙なのである。ヤハウェが、その存在性格において、周囲に居住していた諸民族や諸部族の神々と多くの点で異なっていたとは考えられない。諸民族同士がお互いに闘争していたのと同様にヤハウェもほかの神々と闘っていたのではあろうが、当時のヤハウェ崇拝者の念頭には、カナン、モアブ、アマレクなどの神々の存在を、それらを信仰する諸民族と一緒に葬り去る必要性など浮かぶはずもなかったと考えるべきだろう。

イクナートンの出現とともに束の間に輝いた一神教の理念は、ふたたび曇らされ、その後なお長いあいだ暗闇のなかにとどまることになった。ナイルの第一瀑布のすぐ手前にあるエレファンティネ島で発掘された出土品は、その地に数世紀来定住していたユダヤ人の軍隊駐屯地があって、そこの神殿には主神ヤハウと並んで二柱の女神が祀られており、うち一柱はアナト・ヤハウと呼ばれていた、というびっくりするような情報を伝えているけれども、このユダヤ人は言うまでもなく母体から遮断された人びとであって、その島で宗教上の発展を共に体験したわけではない。エジプトを統治したペルシャ帝国（紀元前五世紀）がこのユダヤ人たちにイェルサレムの新しい宗規を伝えただけの話である。* これより昔の時代に溯るならば、ヤハウェ神はモーセの神とひとかけらの類似性すら持っていなかったと言ってよかろう。アートンは、その地上における代理人、もとはと言えばアートンの原型であったファラオ・イクナートンと同じく平和を愛する神であって、実際、この若い王は、彼の先祖によって獲得された世界帝国が崩壊して行くさまを平然と傍観していた。新しい居住地を暴力でもって占領せんとしていた民族にとっては、確かに、ヤハウェの方が好都合な神だった。それに加えて、モーセの神を信仰するにあたって尊ぶべきものは、すべて、単純で原始的な民族集団の理解力をそもそも超えていたのであった。

＊ アウエルバッハ『荒野と約束の地』第二巻、一九三六年。

すでに私が述べてきたように――そして述べつつ他の研究者との一致点にも立脚しているわけだが――ユダヤの宗教の発展の中枢的な事実は、時代が経過して行くなかでヤハウェ神がその本来の性格を失って行き、だんだんとモーセの古い神アートンとの類似性を獲得していったことにある。なるほど、無視してはなるまいと思われそうな違いはあるけれども、しかしこれは簡単に説明できる相違に過ぎない。アートンはエジプトで確実な基盤に恵まれた幸運な時代に支配的な力を振るい始め、王国がぐらつき始めたときですら、アートン信者は煩わしい世間の事柄から目をそらして、アートンの創造を讃え、アートンの創造を喜び享受し続けた。

ところがユダヤ民族に対しては、運命はたて続けに重苦しい試練と苦痛に満ちた経験をもたらし、民族の神は過酷で峻厳、そして陰鬱な存在となった。この神はすべての国々、すべての民族を支配する普遍的な神という性格を保持し続けたが、この信仰はエジプト人からユダヤ人へと受け継がれて、ユダヤ人が神によって選ばれた民族であり、その特別な義務は最後には特別なかたちで報われるだろうという新たな表現を見出すに至った。ユダヤ民族にとって、彼らの全能の神による恩寵への信仰と不幸な運命のもとでの悲惨な経験とを統一して考えるのは容易ではなかったかもしれない。しかし当惑はなかった。人びとはおのれの罪責感情を強めて神への疑念を抑え込んだ。おそらく人びとは、こんにちでもなお敬虔な人がするように、最後には「人知の及ばぬ神の御心」を感知したのだろう。アッシリア人、バビロニア人、ペルシャ人と続々と新たな暴力的迫害者を神々が登場させ、彼らによってユダヤ人は屈辱を受け虐待されたわけだが、このような受け容れがたい事態に直面してもなお、これらすべての悪しき敵どもがふたたび一掃されその王国が消滅した事実のなかにこそ人びとは神の力を認めた。

三つの重要な点において、のちのユダヤの神は、最終的に、古いモーセの神と均質になった。第一の決定的な点は、ユダヤの神が実際に比類なき唯一神として認められ、並立する他の神など考えられなくなってしまった事実にある。イクナートンの一神教はひとつの民族全体によって真剣に受け容れられたばかりでなく、この民族は余りにも強烈に一神教の理念に固執したために、この理念はこの民族の精神生活の中枢を占領するに至り、この民族には別の重要関心事などなくなってしまった。この民族と民族内部で支配的な力を得た祭司たちは以上の二点においては一致していたが、しかし、祭司たちが崇拝のための儀式を整えるべく彼らの全力を注いでいるあいだに、彼ら祭司たちは、モーセの神に関するモーセの別の二つの教えを蘇らせんとしていた民族の心のなかの強烈な奔流と矛盾する立場に陥ってしまった。神は儀式と供犠を忌み嫌い、人びとが神を信じ真理と正義のなかで生きることを求めているだけだ、と預言者たちの声は倦むことなく響き渡っていたのである。そして預言者たちが砂漠あるいは荒野の生活の簡素な美しさと神聖さを讃えるとき、彼らは確かにモーセの理想のもとに立っていた。

さて、いまこそ問いを立てるべきときである。ユダヤの神の観念の最終的な成り立ちにとってモーセの影響を考えるのはそもそも必要であるのか、数世紀にわたる文化的生活のなかで大変に高度な精神性への自然発生的な発展が起こったに過ぎないと考えればそれで十分ではないのか、と。このような説明で済むならば、われわれの謎解き作業は終わってしまうわけだろうが、ここには少しばかり言うべきことがある。まず、このような説明によっては何ひとつ明らかにされぬということ。同じような状況が、異論の余地なく極めて高度の才能に恵まれていたギリシャ民族においては、この民族を一神教の成立へと向かわせることなく、多神教的宗教への弛緩した拡散と哲学的思索の開始へと向かわせているではないか。エジプトにおいても、われわれが理解する限り、一神教は、帝国主義の反映として育ってきたのであって、神は巨大な世界帝国を無制約の力で支配するファラオの鏡であった。ところがユダヤ人の場合、排他的な民族神という理念が普遍的な世界支配者という理念にまで一気に育って行くには、もろもろの政治的状況があまりにも不都合だった。このちっぽけで無力な国民に、いったいどこから、自分たちを偉大なる主に選ばれた寵児であると称する不遜とも言える考えがやってきたのか？　ユダヤ人における一神教の成立事情についての問いは、このように考えてくると答えを見出せないのである。ひょっとしたら、これはユダヤ民族の特殊な宗教的天才の表現にほかならないのだろうという月並みな答えで済まされてきたのかもしれない。しかし天才などというものはまったく摑み所がなく無責任なものである。それゆえ、ありとあらゆる別の解決法がことごとく失敗するまでは、説明のために天才などというものを持ち出すべきではない。*

＊　同じような熟慮がストラトフォード出身のウィリアム・シェイクスピアという奇妙な事例に関してもなされるべきだろう。

そしてさらに歩みを進めて行くと、ユダヤの報告書および歴史叙述そのものがわれわれに道を示している事実に出会う。すなわちそこでは、このたびは矛盾することなく、唯一神の理念はモーセによってユダヤ民族にもたらされたと極めて明瞭に語られているのである。もしもこの言明の信頼性に対して異論があるとするならば、それは、われわれの手許にある聖書の、祭司による修正が余りにも多くをモーセの力に帰しているという異論であろう。明らかにのちの時代に作られた制度や典礼規定が、それらに権威を与えるという分かりやすい意図のもとで、モーセの掟として伝えられている。これはわれわれも確かに異論に同調したくなる理由ではあるが、先の件の信頼性を否定しても仕方あるまい。なぜなら、この種の誇張をなしたかなり深い動機がすでに明白になっているからである。祭司たちの叙述は彼らの現在とモーセの過去のあいだに連続性を作り出そうとしている。彼らは、われわれがユダヤ宗教史のなかで最も驚くべき事実と呼んだこと、つまり、モーセの立法とのちの世のユダヤの宗教のあいだには裂隙があり、この裂隙は当初ヤハウェ信者によって塞がれ、のちになってゆっくりと塗りつぶされた事実をまさしく否認しようとしている。彼らは、歴史的な正しさがあらゆる疑念を超えて確立されているにもかかわらず、この事の成り行きに手持ちの手段すべてを動員して反抗するのだが、聖書の原典が特別な加工を被ったのちも、事の成り行きの真実を証明する夥しい陳述が残されたままなのである。祭司たちの修正作業は、ここでは、新たな神ヤハウェを先祖たちの神へと捏造せんとする歪曲傾向とよく似た性質を帯びてしまっている。祭司資料のなかに秘められたこのような動機を考慮するならば、モーセその人が彼に従うユダヤ人たちに実際に一神教の理念を授けたとする主張を信じない方が難しいだろう。それゆえ、唯一神の理念はモーセによってユダヤ民族にもたらされたという明瞭な言明に賛意を表するのは、われわれにとっては容易な帰結なのだ。まして、ユダヤ人の祭司たちには確かにもう分からなくなってしまった事情なのだが、一神教の理念がどこからモーセに到来したのかをわれわれはすでに知ってしまっているのだから。

ここで、ユダヤ一神教はエジプトからやってきたという場合、われわれはそこから何を得るのか？　という問いが発せられるかもしれない。問題はそれによって少しだけ置換されるに過ぎず、それによってわれわれが一神教の理念の発生に関して知ることは何もあるまい、と。このような問いに対しては、これは利益の問題ではなく研究の問題なのだ、と答えておこう。現実に起こった出来事を研究によって知るならば、そのとき、われわれは何かを学ぶことになるだろう。

B　潜伏期と伝承

これまで述べてきた通り、われわれは、唯一神の理念も魔術的儀式の排除も倫理的要求の強化も、神の御名においてなされたとされているが実はモーセの教えであったこと、当初はこの教えに耳を傾ける者はいなかったが、この教えは、長い空白期が過ぎたのちに力を発揮するに至り、ついには永続的な浸透力を得てしまったこと、を事実として確信していると公言する。このような、遅れて活動し出す力はどのように説明されるべきであろうか、そして、どのような場面で類似した現象に出会えるのであろうか？

すぐに考えつくことだが、このような現象は希ではなく実にさまざまの領域で見出されるであろうし、程度の差はあれ分かりやすいかたちで多様な姿をとって現れていると見なしてよかろう。たとえば、ダーウィンの進化論のような新しい科学理論が辿る運命を取り上げてみたい。このような理論はまず激烈な拒絶に出会い、数十年にもわたって激しく議論されるが、それが真理に向けての偉大な進歩であると認知されるまで一世代より長い時間はかからない。ダーウィン自身はさらにウェストミンスターに墓標と記念碑がおかれる名誉を獲得する。このような例には、われわれにとって、ほとんど解くべき謎もない。新しい真理というものは情動的な抵抗を喚起してしまうのだが、この抵抗は、不快な学説の証拠に対して異論を唱えうる論拠によって支持されている。論争はしばらくの時間を要し、はじめから賛成者と反対者がいるわけだが、賛成者の数と力がだんだん増強して行き、ついには優位を占めるに至る。闘争の全期間を通じて何が問題になっているかが忘れられることは決してない。闘争の全経過がかなり長い時間を要する点は、われわれにとってほとんど驚くにあたらない。おそらく、ここでわれわれは集団心理学的経過に関わっていると認めることの方が遥かに重要である。

この種の経過に完璧に対応する類似の論理を個人の心的生活のなかに見出すのは決して困難ではない。以下のような例があるだろう。ある人が確かな証拠をもとにして真理と認めざるをえない何か新しい事態を経験する。ところがこの何かは彼の願望にかなり矛盾するものであって、彼にとって価値のある確信の幾つかに対し侮辱的ですらある。このとき彼はためらうようになる。この新しいものを疑うことができるような、いろいろな理由を捜し求めるようになるだろう。しばらくのあいだ彼は自分自身と闘うであろうが、ついには彼は是認することになる。私はそれを簡単に受け容れたくはないけれども、しかし、やはり、そうなのだ、と。われわれがこのような例から学ぶのは、強い情動的な備給によって保持されている抗議を自我の知的作業が克服するまでには時間がかかるという事実だけである。この種の例とわれわれがまさに理解せんと努力している事例のあいだにある類似性は、大きいとは言えない。

つぎにわれわれが注意を向ける例は、外見上は、この論攷に共通する問題をほとんど持っていない。ある人が恐ろしい事故たとえば列車衝突に遭遇した現場から、見たところ無傷で立ち去ったとする。ところが幾週間か経過するうちに彼は、そのショック、列車衝突事故という衝撃、あるいはそのときに作用した別の何かからしか導き出しようがない一連の重篤な精神性ならびに運動性の症状を呈するようになる。彼はいまや「外傷神経症」に罹患したのである。これはまったく不可解で、それゆえ新しい事態である。事故と症状初発のあいだに過ぎ去った時間は、感染性疾患の病理学を参考にして、「潜伏期」と呼ばれる。外傷神経症の問題とユダヤ一神教の問題のあいだに、双方の事例が根本的に異質であるにもかかわらず、なおひとつの点で一致が存する事実は、遅ればせながら、われわれの注意を惹かずにおかない。すなわち、潜伏と名づけてよい特性における一致。われわれが確認したところに従うならば、実際、ユダヤ宗教の歴史のなかには、モーセの宗教への背教行為ののち、一神教の理念に関して、儀式の拒否に関して、そして倫理性の極度の強調に関して、何ひとつ感知できない長い一時代が存在している。事情がこうであるゆえ、われわれは、問題の解決をある特別な心理学的状況のなかに求めうるだろうとの予想を持つ。

のちにユダヤ民族を形成することになる二つの勢力がひとつの新しい宗教を受容するために集合したとき、カデシュで何が起こったか、われわれはすでに繰り返し叙述してきた。エジプトに住んでいた勢力のなかではエジプト脱出およびモーセの姿に関する記憶がなお余りに強く生々しかったため、この人びとは過去に関する記録を採用するよう要求した。おそらくモーセその人を直接に見知っていた人びとの子供や孫もいたろうし、そのなかには自分をまだエジプト人だと感じていた人、エジプト名を持っていた人も幾らかいたのだろう。しかしながら、この人びとは、彼らの指導者にして立法者であった人物が陥った運命にまつわる記憶を抑圧しなければならない十分な動機を持っていた。他方の勢力に属する人びとにとっては、新たな神の栄光を讃え、その神の外来無縁の性質を否定する意図が決定的であった。双方の勢力が持っていた共通の利益ある関心事は、彼らに昔の宗教があったこと、また、いかなる内容の宗教であったかということを総じて否認する点にあった。そこで先に述べた最初の妥協がなされたわけであり、妥協の結果はおそらくすぐに文字として書きとめられたのだろう。エジプトから帰還してきた人びとは文字と歴史記述欲とをもたらしたが、しかし、歴史記述が仮借のない真理性へと呪縛されているのを認識するまでには、なお長い時間が必要だった。当初彼らはこの事情に頓着せず、偽造という概念などまだ存在していなかったかのように、彼らのそのつどの必要事や動向に沿ったままに報告書を作成した。このような状況が続いた結果、同じ史的資料の文字による固定と口頭による言い伝え、すなわち伝承とのあいだに矛盾対立が生じてくることはありえたであろう。文書において省略され削除され変形させられたものが、伝承のなかでは無傷のままに保存され残されるという事態は、実際、大いにありえたであろう。伝承は、歴史記述にとっては、補完であり同時に抗言でもあった。伝承は、歪曲せんとする秘められた意図の影響力に屈服することが少なく、多くの場面ではおそらくこれを完全に回避しており、そのため、文字で固定された報告よりも多くの、強固な真理をうちに含みえた。伝承の持つ信頼性は、しかし、文書よりも移ろいやすく不安定で不明瞭であるという宿命のもとにあり、口承によってひとつの世代から別の世代へと伝えられるとき、多様な変更および変形に曝されざるをえなかった。この性質を帯びている伝承が辿る運命はさまざまであった。最も容易に考えられるのは、伝承が文書によって圧倒され打ち負かされ、文書と対等の存在理由を発揮できなくなって、だんだんと影のようなものとなって行き、ついには忘却されてしまう、という運命だろう。しかし伝承にはまた別の運命もありうる。そのなかのひとつは伝承がそのままのかたちで文字による固定に落ち着いてしまう帰結であり、さらにまた別の運命に関しては、われわれがじっくりと考察を加えて行かなければならない。

われわれが取り組んでいるユダヤ宗教史のなかの潜伏なる現象に関連して、こんにちに至って、いわゆる公的歴史記述によって意図的に否認されてきた事実内容が実際にはまったく失われていない、という解釈が現れてきている。この事実内容をめぐる報告は伝承のなかに生き続け、民族のなかで保存されていた。ゼリンが確認したところによれば、モーセの最期に関してすら伝承が存在しており、この伝承は公的叙述とはっきりと矛盾しており、遥かに真理に近いものであった。これと同様のことが、見かけ上はモーセとともに消滅してしまった別の事柄にも、モーセの同時代人の大半の人びとにとって受け容れることのできなかったモーセの宗教の多くの内実にも、ひとしく当てはまると考えてもよかろう。

しかしながら、われわれがいまここで直面しているのは、このような伝承が、時とともに力を失って行くのではなく、幾世紀もの時の流れのなかでだんだんと力強くなり、後年に修正を受けた公的報告のなかにまで侵入して、ついにはこの民族の思考と行為にまでも決定的な影響力を振るうほど強靭になってしまったという実に奇妙かつ注目すべき事実なのである。いかなる条件がこのような帰結を可能にしたのか、これはもちろん、いまのところわれわれの知識の及ぶ問題ではない。

この事実は余りにも奇妙である。それゆえ、われわれはこの事実を改めて眼前に据えて凝視しなければならぬと感じる。この事実のなかにこそ、われわれの問題が決定的な重みを持って含まれている。ユダヤ民族はモーセによってもたらされたアートン教を投げ棄て、近隣部族のバアルと大した違いもない別の神の信仰へと走った。この恥ずべき事態を覆い隠そうとする後年の秘められた意図に沿った努力はことごとく失敗した。ともかく、モーセの宗教は痕跡も残さず消滅したわけではなく、モーセの宗教にまつわる一種の記憶は生き続けた。これがおそらくは暗闇のなかに隠され歪曲された伝承なのだろう。そしてこの偉大な過去からの伝承こそが、言わば背後から作用し続け、しだいに魔神たちを超越する力を獲得し、そしてついにはヤハウェ神をモーセの神に変貌せしめ、幾世紀も前に与えられそれから棄てられてしまったモーセの宗教にふたたび生命を与えることを成し遂げた当の力に他ならない。ひとつの忘却された伝承がひとつの民族の心的生活にこれほどまでに強力な作用を及ぼすなどということは、われわれにとってまったく親しめない考えである。われわれは、ここで、集団心理学の領域にいるわけであるが、この集団心理学の領域のなかでは、落ち着いた気持ちになれない。実際これとは別の領域においてではあっても、われわれは類似の事態を、少なくとも似た性質を持つ事実を捜そうと思う。

　ユダヤ人たちのなかにモーセの宗教が回帰しつつあったころ、ギリシャ民族は大変に豊かな民族伝説と英雄神話を貯え持つようになっていた。紀元前九世紀ないし八世紀と信じられているが、この伝説世界から題材を得てホメロスの二大叙事詩が誕生した。われわれのこんにちの心理学的洞察をもってすれば、ホメロスや偉大なアッティカの劇作家が彼らの傑作のなかへ摂取した伝説素材のすべてをギリシャ人はどこから受け取ったのか？　という疑問は、シュリーマンおよびエヴァンズよりもずっと前に発せられていたであろう。この民族はおそらく先史時代に光輝に満ちた文化的繁栄の時代を体験したが、それは何らかの歴史上の破局のなかで没落してしまい、その時代にまつわるおぼろげな伝承が伝説のなかに保存されていた、という答えしかありえまい。こんにちの考古学的研究は、シュリーマンやエヴァンズの時代であったならば確かに余りにも大胆に過ぎると言われたであろう推測を確証してしまった。考古学的研究は壮大なミノス・ミュケナイ文化の存在の証拠物を発見したが、この壮大な文化は、ギリシャ本土において、おそらく紀元前一二五〇年ころにはすでに終焉を迎えた。そして、のちの世のギリシャの歴史家たちは、この文化が存在したことにほとんど触れていない。かつてクレタ人が制海権を握っていた時代があったこと、王の名前がミノスであり王宮の名前がラビリントであったこと、これが記述されたすべてであって、それ以外には、詩人たちによって取り上げられる伝承のほかには、この文化に関して何ひとつ書き残されていない。

他の民族、ドイツ民族、インド民族、フィンランド民族においても民族叙事詩が知られるようになってきている。これらの叙事詩の成立にもギリシャ叙事詩の場合と同じような条件が考えうるか否か、これは文学史家たちが研究すべき事柄である。私が思うに、この研究は肯定的な結論をもたらすであろう。われわれが認識している条件とは、登場直後には内容豊かで意味深く壮大でおそらくは英雄的と思われたに違いないが、余りにも大昔の、余りにも遠く隔たった時代のことであるために、のちの世代にとっては、ぼんやりとして不完全な伝承だけが知識を与えてくれるような先史の一断片が存在する、という事態である。後年に至って、芸術のひとつのジャンルとしての叙事詩が消滅してしまったのは不思議なことだと思われている。おそらく、叙事詩を生み出す条件がもはや成り立たなくなってしまったことがその理由だろう。古い昔の素材は修復されて新しいものとなり、それ以降のすべての出来事のためには、伝承に取って代わって歴史記述が現れてしまった。こんにちではどれほど偉大な英雄的行為であっても叙事詩に魂を吹き込むことができなくなってしまっているが、実はアレキサンダー大王ですら、すでにいみじくも、彼のためにひとりのホメロスもいなくなってしまった現実を嘆いていたのであった。

遠く過ぎ去った時代は、人間が抱く空想にとって大きな、しばしば謎めいたと言ってもよいほどの引力を持つ。人間はしょっちゅう現在に不満を抱き――実際、実にしきりと不満を抱く——過去に向かい、こんどこそは決して消え去らない黄金時代の夢を真実の世界として確保できるように、と望む。* おそらく人間はいつも幼年時代という魔術に支配されているのであって、この幼年時代は、人間にとって、決して公平無私とは言えない記憶によって不満なき至福の時代として映し出されている。過去が不完全でぼやけてしまった記憶でしかないならば、これをわれわれは伝承と呼ぶわけだが、これは芸術家にとっては格別に刺激的なものである。なぜならば、その場合、記憶の裂隙を空想という強烈な欲望で埋め尽くすことも、ふたたび生み出そうとする時間のありさまを意図通りに造形することも、芸術家の自由に任されているからである。伝承がぼやけるに従って、伝承はますます詩人にとって役立つようになる、と言ってもよいだろう。それゆえ、文学にとっての伝承の意義に関しては不思議は何もない。そして叙事詩の誕生にまつわる条件は、その類似性のゆえに、ヤハウェ信仰を古代のモーセの宗教へと変貌させたのはユダヤ人のなかのモーセ伝承であったという奇妙な考えへとわれわれを誘う。しかし、ギリシャ民族とユダヤ民族とのあいだには、これ以外の点で大変に大きな差異がある。ギリシャ民族の場合、成果は文学であるが、ユダヤ人の場合はひとつの宗教である。そしてユダヤの宗教の場合、この宗教は伝承の推進力のもとで忠実に再現されたと考えられるのだが、ギリシャ叙事詩がこの忠実さに匹敵する対応物を示しえていないのは言うまでもない。つまり、われわれの問題に関して言えば多くの謎が解かれずに残されているのであって、より妥当な類似を要請しても許されるだろう。

＊　マコーレイはこの状況を『古代ローマの詩』の基礎においている。彼はこの著書のなかで、現代の不毛な党派間闘争を嘆き、聴衆に祖先の犠牲的精神、和合、そして憂国の情を訴える吟遊詩人の役割を演じている。

C　類似

ユダヤ宗教史において認められた注目すべき出来事に対して唯一の、満足すべき類似を示しているものは、一見したところ遠くかけ離れた場所に存在している。しかしこの類似は申し分なく完璧であり、ほとんど同一であるとすら言える。そこでわれわれは、ふたたび、潜伏という現象、不可解で説明を要する事象の出現、そして、昔の、のちには忘却されてしまった体験という前提条件に出会う。さらに加えて、たとえば叙事詩の発生に際しては認められなかったひとつの特徴、すなわち、論理的思考を圧倒しつつ心に迫りくる強迫という特徴にも出会う。

この類似の出来事は精神病理学のなかで、人間の神経症の発生に際して、それゆえ、個人心理学の領域において現れるが、他方、宗教上の現象が集団心理学の領域に属することは言うまでもない。この類似性の指摘は、はじめは唐突と思われるかもしれないが実はそうではなく、それどころかむしろそれを要請するにふさわしいものであって、このことはやがて明らかにされるだろう。

かつて体験され、のちになって忘却された印象、われわれが神経症の病因論において非常に大きな意味をおく印象、これをわれわれは心的外傷と呼んでいる。神経症の病因が総じて心的外傷的なものであると見なされてよいか否かという問題は、とりあえず、未決定のままにしておく方がよいかもしれない。容易に出てくるのは、すべての症例において神経症に罹患した個人の古い過去の出来事のなかから明瞭な心的外傷がはっきりと現れてくるわけではない、という異論である。すべての個人が遭遇し、正常と言いうるかたちで処理され解決される体験や要求に対して、尋常でない異常な反応が存在するだけだ、と言うにとどめるべき事例が確かに多い。病因を説明するにあたって、遺伝的ないし体質的素因以外のものが何も存在しない場合、神経症は外部から獲得されるのではなく内部から自然発生的に現れてくると言いたくなるのは当然であろう。

しかし神経症の病因に関するこのような脈絡のなかでは、二つの要因が目立っている。つまり、神経症の発生はいつでもどこでも非常に早期の幼年時代に受けた印象に淵源するというのが第一点*。病因的作用力が間違いなく早期におけるひとつないし幾つかの強烈な印象にまで溯りはするが、この作用力が正常なかたちで解決されなかったために発症したのだろう、この作用力がなかったならば神経症も現れなかったのだろうと判断される症例も「心的外傷的」と名づけられて正当であるというのが第二点。この二つの点を押さえておくならば、われわれが求めている類似をこのような心的外傷性の症例に制限せざるをえないとしても、われわれの意図を示すには十分である。とはいえ、この双方の群のあいだの溝は、見たところ橋渡しができないようには思われない。双方の病因論的条件をひとつの見解のもとに統一して把握するのは実際のところ可能なのだ。肝腎なことは、何をもって心的外傷的と定義するかという点に存する。体験は量的な要因によってのみ心的外傷的な特質を獲得するのだと、それゆえ、体験が尋常でない病的な反応を惹き起こすならばすべての症例においてその原因は印象づける力の過剰な量にあるのだと考えてよいのであれば、ある体質の者には心的外傷として作用するものが別の体質の者にはそのように作用しないことは容易に理解されよう。こう考えてくると、心的外傷と体質という二つの要因が結合して病因論的実現に至る流動的な相互補完的な系列の図式が現れてくる。一方の過少が他方の過多によって補完され、全体として双方の要因の協働が起こり、この系列の二つの端末においてのみ単純な原因が論じられることになる。このように熟慮するならば、われわれが求めている類似に関連して、心的外傷的な病因論と心的外傷的でない病因論の区別は本質的なものではなく、無視されうるだろう。

＊　この非常に早期の幼年時代という原始時代が研究されず考慮されないのであれば、こういう事態は実際広く流布してしまっているのだけれども、精神分析を行うなどということ自体、無意味なのである。

われわれにとって有意義な類似を内包する諸事実をここでまとめておくのは、反復の煩わしさはあるにもせよ、妥当であろう。それは以下のごとくである。われわれの研究の結果明らかになったのは、神経症の現象（症状）と言われるものはある体験ないし印象の結果であって、これらの体験ないし印象をわれわれはまさしくそれゆえに病因的な心的外傷と見なす。ここでわれわれに与えられる課題は二つである。第一は、これらの体験に共通する特徴を見出すこと、そして第二は、神経症の症状に共通する特徴を見出すことであって、この際、ある程度の図式化は敢えて避ける必要もないと思われる。

Ⅰ（a）これら心的外傷のすべてはおおよそ五歳までの早期幼年時代に体験される。言語能力が生じつつある時代に受ける諸印象はとりわけ重要である。二歳から四歳までは最も重要な時期と思われる。誕生ののちこの感受性の高い時期がいつ始まるのか、これは断定できない。（b）その体験は通常の場合完全に忘れ去られており、回想によっては思い出せず、小児健忘の時期に属し、たいていの場合、個々の記憶の残渣、いわゆる隠蔽記憶によって開示される。（c）これらの体験は性的そして攻撃的性質の諸印象と結びついており、また確かに、早期の自我侵害（自己愛の受傷）とも結びついている。さらに注目すべきは、このような幼児が後年のようには性的な行為と純粋に攻撃的な行為のあいだの差を明瞭には区別しないことである（性行為をサディズム的に誤解する）。性的な要因の圧倒的な強さは、言うまでもなく大変に顕著であり、これは理論的な妥当性を要求してくる事態である。

これら三点——生まれて五年間以内の早期の出現、忘却、性的・攻撃的内実——これらは相互に緊密に絡み合っている。心的外傷は、自己の肉体の体験であるか、感官知覚、たいていは見られたものと聴かれたものであるかのいずれかであり、それゆえ、体験あるいは印象と表記される。ここに記した三点相互の関連は分析的作業の成果であるひとつの理論によって組み立てられるが、この理論だけが忘却された体験に関する知識を現在へと接続させ、より露骨に言えば、忘却された体験を記憶のなかへと取り戻すことができる。この理論によれば、人間の性生活——あるいは成長してからの性生活に対応するもの——は、常識的な考えとは対立するけれども、おおよそ五歳で終焉を迎える早咲きを示し、それからいわゆる潜伏期が——思春期まで——続き、この潜伏期においては性生活の進展は起こらず、そればかりか実際のところ、到達した段階から後戻りさせられる。この学説は内生殖器の成長に関する解剖学的研究によっても確かめられている。この学説は、人間は生後五年で性的成熟に至るような動物種から派生したとの推測を可能にし、また、性生活の遅延と二度にわたる開始は人類の発生史と大変緊密に関連しているのではないかとの思いを喚起する。ともかく人間はこのような潜伏期と性生活上の遅延を示す唯一無比の動物であるようだ。霊長類に関する研究は、私の知る限りまだ存在していないけれども、この理論の検証のためには不可欠であろう。心理学的見地からすれば、小児健忘の時期がこの五歳までの早期性生活の時期と重なっている点に無関心ではいられない。この事態は、実際のところ、ある意味では人間の特権でもある神経症の成立の可能性の現実的な条件になっているかもしれない。このように考えてくると、神経症が成立する可能性の現実的な条件は、われわれの肉体の解剖学で見出されるある種の器官と同様に、太古時代の残存物（生き残り）のようにも思われてくる。

II　神経症性の諸現象に共通する特質あるいは特殊性。これには二つの点が指摘されるべきである。（a）心的外傷の働き方は二様である。積極的なものと消極的なものと。積極的な働き方とは心的外傷にふたたび作用力をもたらそうとする努力であり、それゆえ、忘却された体験を想起する努力であって、あるいは、より正確に言うならば、忘却された体験を現実化し、その体験を新たに反復し、ふたたび体験せんとする努力である。実際、この忘却された体験が小さなころのささやかな感情関係に過ぎなかったとしても、ほかならぬこの関係を別の人物に対する似たような関係のなかに新たに復活させようとする努力なのである。このような努力は、総じて、心的外傷への固着として、また、反復強迫としてまとめられる。このような努力の現実の根拠および歴史的な根源が忘却されてしまっているにもかかわらず、あるいはまさしく忘却されているがゆえに、このような努力は、いわゆる正常な自我に受け容れられ、自我の恒常的な傾向として、自我に不変の性格特徴を与える。たとえば、現在では忘却されている過剰なまでの母親への結びつきのなかで幼い時代を過ごしたひとりの男は、彼の全生涯にわたって、彼が依存できる、また、彼のそばにいて彼を大切にしてくれる女性を追い求めることになりうる。幼児期に性的誘惑の対象となった少女は、彼女の成人後の性生活を、似た誘惑的侵襲を繰り返し挑発してしまうように方向づけてしまう。このような洞察によって、われわれが、神経症問題を超えて人格形成の理論全般にまで歩みを進めているのは容易に分かってもらえよう。

消極的な反応は、忘却された心的外傷に関して何事も回想されてはならぬ、何事も反復されてはならぬ、という正反対の努力目標を追い求める。われわれはこれら消極的諸反応を防衛反応としてまとめている。防衛反応は主としていわゆる回避という姿を取るが、回避は、制止そして恐怖症にまで亢進しうる。この消極的諸反応もまた性格を特徴づける非常に強い働きを示す。根本において見るならば、消極的反応も、先の積極的なものと同じく、心的外傷への固着なのであって、流れの向きが逆の固着であるに過ぎない。狭義の神経症症状とは、このような、心的外傷から発生してくる二様の努力が協働して造り上げる妥協形成物であり、そこではある時には一方の、またある時には他方の流れの向きが優勢化する。これら積極的反応と消極的反応の対立によって葛藤がつくり出されるが、これは通常の場合、決着のつけようのないものである。

（b）これらすべての現象、自我の拘束や固定された性格変化のような症状は、強迫的特性を持っている。すなわち、これらの現象ないし症状は、その心的な強度が極端に亢進した場合、現実の外的世界の要求に順応し論理的思考の法則に従うようになっているそれ以外の心的事象の組織から広範かつ露骨に分離独立してしまう。これらの現象ないし症状は外的世界の現実によって影響されず、あるいは十分な影響を受けることがなく、外的世界の現実とその心的代理物とを顧慮しないので、容易にこの両者との激しい矛盾対立に陥ってしまう。これらの現象ないし症状は言わば国家のなかの国家であり、和合できず共同作業の役に立たない党派のごときものであるが、この党派は、もう一方の言うならば正常なる党派に打ち勝ちこれに服従と奉仕を強いることに成功する場合もある。こうなってしまうと、内的な心的現実の支配権が外的世界の現実を覆ってしまう結果に至り、精神病への道が開かれる。そこまでいかなくとも、このような相互関係の実践的意義は高く評価し過ぎることがないくらい重要である。神経症に屈服した人間の生活制止そして生活不能は人間社会の非常に意義深い要因のひとつであり、彼らにおいて、過去の早期の場面への彼らの固着が直接的に表出されていると見なされてよかろう。

さてここでわれわれは問うのだが、類似という観点において特別にわれわれの興味を惹かずにおかない潜伏とは一体どのような事態なのであろうか？　幼児期の心的外傷に直接に続くかたちで神経症が発生してくる場合があるが、これは幼児期神経症であって、症状が形成されるなかで、防衛への努力に満たされたものである。幼児期神経症はかなり長い期間存続して目立つ障害を惹き起こすこともあるが、また、潜伏性に経過して見逃されることもある。この神経症では通常の場合防衛が優位を占めるが、いずれにせよ、ちょうど瘢痕形成に比較できるように、自我変容をあとに残す。幼児期神経症が中断することなく成人の神経症に接続して行くのはごく希でしかない。ほとんどの場合、幼児期神経症は一見したところ全然障害がないかのような発達期によって引き継がれる。これは生理学的な潜伏期の介入によって支えられて現れる経過である。のちになってはじめて変化が現れるが、この変化とともに、心的外傷の遅延した作用の実現としての最終的な神経症が露呈する。これは思春期の開始とともに、あるいは幾らか遅れて起こる。思春期開始と同時に発症する場合、はじめは防衛の力によって圧倒されていた欲動が肉体的成熟によって強化され、防衛との闘いを再開する結果、神経症が露呈する。思春期開始から幾らか遅れる場合、防衛によってつくられた反応と自我変容がいまや新たな生活課題の解決にとって妨害的に働くことが明らかになり、そこで、防衛という闘いを通じて苦労して獲得した組織を維持せんとする自我と、現実の外的世界からの要求とのあいだに重大な葛藤が生じてくることから神経症が露呈する。それゆえ、心的外傷に対する当初の反応と後年の疾患の発生とのあいだに存在する神経症の潜伏という現象は、定型的なものと見なされなければならない。この発病は、また、治癒への試みとも見なされうる。つまり、発病は、心的外傷の影響力によって分離された自我の一部分をふたたび他の部分と和解させ、外的世界に対して十分に力のあるひとつの全体へと統合せんとする努力と見なされてもよい。しかしこのような試みがうまく行くことは、分析的作業の助けがなければほとんどないし、この助けがあってもいつもうまく行くわけではない。この試みが自我の完全な破壊と寸断に終わり、また、以前に分離され心的外傷の力によって支配されたままの部分による独裁に終わってしまう結果がほとんどである。

読者を確信させるためには、数多くの神経症者の生活史の詳細な報告が必要であろう。しかしこの主題を長々とややこしく書くならば、この仕事の本来の性格は完全に消えてしまうだろう。この仕事は神経症学に関する論文に変化してしまい、またそうなれば、おそらく、精神分析の研究と実践を生涯の任務として選択したごく少数の人びとにしか働きかけないことになるだろう。私はこの論文をより広範囲の人びとに向けて書いているのだから、ここで短く要約して述べた論に、とりあえず一応の信頼を寄せていただきたいと読者にお願いする以上のことは何もできない。それゆえ、私としても、前提とされている学説が正しいと認められたときに限って読者は私の示す結論を受け容れるだけに過ぎないと考えるようにしたい。

ともかく私は、これまで述べてきた神経症の特質の多くがはっきりと認められるような個別的な症例をひとつ示したいと思う。もちろん、たったひとつの例がすべてを示すだろうなどと期待されてはならないし、その例がわれわれの求めている類似物から内容的にひどくかけ離れていても幻滅する必要もない。

この男児は、小市民的な家庭ではごくありふれたことだが、生後一年間、両親と寝室をともにした。そして、繰り返し、いや規則的にと言うべきか、言語能力が余り育っていない年齢で、両親の性交の場面を目撃し、多くのことを見、より多くのことを聴いた。後年の彼の神経症は、最初の夢精の直後に発生したが、そのなかでは睡眠障害が最も早く最も厄介な症状であった。彼は夜間の物音に対して著しく敏感となり、いったん目が覚めると二度と眠れなくなった。この睡眠障害は正当な理由をもった妥協症状であった。これは、一方では、夜間の知覚に対する彼の防衛の表現であり、他方では、両親の性交にまつわる諸印象を密かに見聞きできた覚醒状態を取り戻す試みだった。

このような目撃によって早期に攻撃的な男性性を目覚めさせられて、この子供はその手で小さなペニスを興奮させるようになり、母親に対するさまざまの性的攻撃を企て始めた。このときこの子供は父親への同一視のなかで父親の位置に身を置いたわけである。このことが続き男の子はついに彼のペニスに触るのを母親から禁止され、さらに、母親から、お父さんに言えばお父さんは罰としてその罪深いペニスを切り取るでしょう、との脅し文句を聞く結果になった。この去勢するとの脅しは男の子に尋常でないほど強烈な心的外傷性の作用を発揮した。彼は性的な行為を断念し彼のそれまでのやり方を変えてしまった。つまり彼は父親との同一視をやめ、父親を恐怖し、父親に対して受け身の態度をとるようになり、ときおり悪戯をして父親を挑発して肉体的な折檻を受けたが、これはこの子供にとっては性的な意味を持っていた。つまり折檻されながら彼は自分を、虐待されている母親と同一視できた。彼はますます不安な気持ちになり母親その人にすがりつくようになったが、それは、あたかも彼が一瞬たりとも母親の愛なしではいられないかのようであって、彼は母親の愛情のなかに父親によって脅迫された去勢の危険に対する守護を見ていた。この変形されたエディプス・コンプレクスのなかで彼は潜伏期を過ごした。この時期、目立った障害は現れなかった。彼は優等生になり、学校でも好成績を上げた。

ここまでで、われわれは心的外傷の直接の作用を追求し、潜伏という事実を確認したことになる。

思春期の始まりは明瞭な神経症を顕現させ、神経症の第二の主症状すなわち性的インポテンツを露呈させるに至った。彼は彼の性器の感覚を失い、性器にさわろうともせず、性的な意図をもって女性に近づこうともしなかった。彼の性的な活動性はサディスティック・マゾヒスティックな空想と結びついた心のなかのオナニーに制限されていたが、ここにかつての両親の性交場面を目撃したことに水源をもつ流れの突出を認めるのは難しくはなかろう。思春期がもたらす男性性の飛躍的な強化は激烈な父親憎悪および父親に対する激しい反抗となって現れた。父親に対する、自己破壊にまで至るほど無分別で極端な関係の持ち方は、また、彼の生活上の失敗や外的世界との葛藤を惹き起こした。彼は仕事をする必要も感じなかった。なぜなら彼の父親が彼にその仕事を押し付けたからだ、というわけである。彼はひとりの友人もつくらず、彼の上司たちとも決してうまく行かなかった。

このような症状と無能力にとりつかれつつ、父親の死後に彼は最終的には妻となる女性を見出したが、そのとき、彼の身近にいるすべての人びとにとって彼と付き合うことがひどい重荷となってしまうような、彼の核心とも言うべき性格特徴がおもてに現れてきた。彼はどうしようもなく利己的かつ暴君的そして残忍な人格を現し出したのであり、この人格にとっては他の人びとを抑えつけ心を傷つけることが、明らかに、本能的な欲求なのであった。それは父親そっくりのコピーであり、彼の記憶のなかで造形された像であって、それゆえ、幼児期に小さな男の子が性的な動機から断念してしまった父親同一視の復活であった。ここに至ってわれわれは抑圧されたものの回帰を認める。抑圧されたものの回帰は、心的外傷の直接的な作用および潜伏という現象と並んで、われわれが神経症の本質的特徴として記述してきた事態である。

D　応用

早期の心的外傷——防衛——潜伏——神経症性疾患の発症——抑圧されたものの部分的

な回帰。われわれが提示した神経症の発展に関する典型的な形式はこのようなものであった。さてここで読者は、人類の生活においても個人の生活における事態と似たことが起こったという考えへと歩みを進めたくなるであろう。すなわち、人類の生活のなかでも性的・攻撃的な内容の出来事がまず起こり、それは永続的な結果を残すことになったのであるが、しかし、とりあえず防衛され、忘却され、後世になって、長い潜伏ののちに現実に活動するようになり、構成と傾向において神経症の症状と似たような現象を生み出すに至ったのだ、と。

われわれはこのような出来事と成り行きを推測できると信じているし、その神経症症状に似た結果こそ宗教という現象にほかならないことを明示したいと思う。進化論が登場して以来、人類が先史をもっていることがもはや疑いえなくなった以上、そしてこの先史が知られていない、つまり忘却されている以上、このような論理的帰結はほとんど公準に等しい重みを持つだろう。現実に活動していながら同時に忘却されている心的外傷が人類史においても個人の神経症の場合と同じように人類そして人間の家族生活に結びついているのを経験的に知りうるのであれば、われわれはこの事実を大変に望ましい、予想されなかった、これまでの論述のなかでは求められなかった特別な贈りものとして歓迎して受け容れたい。

私は同じ見解をすでに四半世紀まえに、私の著書『トーテムとタブー』(一九一二年)のなかで立論しておいたゆえ、ここではそれを繰り返すだけでよいだろう。私の論の構築はCh・ダーウィンの報告から出発して、アトキンソンによる推論を取り入れている。それによれば、太古の時代、原人たちは小さな群れをつくって生活していたが、いずれの群れも力の強いひとりの男性原人の支配下にあった。その時代がいつごろであるかは述べられていないが、われわれに知られている地質学的な年代に結びつけることはまだ成功していない。おそらくは人間存在が十分な言語能力の発達をまだ示していなかった時代であろう。私の構築の本質的な点は、私が抽出しようとする運命がすべての原人を、それゆえすべてのわれわれの祖先を見舞ったという想定にある。

私が物語ろうとする歴史は、あたかも一気に一回限り起こったかのように大変圧縮されて論じられるが、現実には幾千年にも及び、この長い時間のなかで数えきれないほど何度も繰り返されたのである。力の強い男性原人は群れ全体の主人であり父親であった。彼の力は無制約であって、彼はその力を暴力的に行使した。すべての女性原人は彼の所有物であり、自分の群れの妻たちも娘たちも、おそらくは他の群れから略奪されてきた女性原人たちも、ことごとく彼の所有物であった。息子たちの運命はひどいものであった。彼らが父親の嫉妬心を刺激してしまうと、彼らは打ち殺され、去勢され、あるいは追放された。彼らは息子たちは小さな共同体のなかで生活し、略奪によって自分の女性原人を手に入れるしかなかったが、そのなかの誰かが、もともとの群れのなかの父親が占めていたのと似た地位にまでのしあがることができた。最も幼い息子たちには、自然の摂理からして例外的な地位が与えられていた。彼らは母親たちの愛情によって保護され、父親の老衰によって優越を獲得し、父親の死後には父親に取って代わることができた。年長の息子たちの追放も一番若い息子たちの特権も、伝説やメルヒェンのなかにその名残りが認められよう。

この最初期の「社会的」組織を変革するつぎの決定的な歩みは、追放されて集まって生活していた兄弟たちが皆で結託して父親を圧倒し打ち殺し、当時の習慣に従って父親を生のままで喰い尽くしてしまったという事実であったに相違あるまい。この食人ということに触れて感情を害する必要などない。食人は、長く後世に至るまで深く入りこんできている。むしろ本質的なのは、これら原人たちと同じ感情の動きかたを現代の未開人たち、すなわちわれわれの子供たちのなかに、分析的研究によって確認できるという事実である。つまり、子供たちは父親をただ単に憎んだり恐れたりしただけでなく、父親を理想的な模範として尊敬していたという事実、そして、どの子供も実際に父親の地位を占めようと欲していたという事実。このことから考えるならば、食人行為は、父親の一部を体内化することによって父親との同一化を確実なものにする試みとして理解されるだろう。

父親殺害ののち、兄弟たちが各々父親の遺産を独り占めしようと欲し父親の遺産をめぐって互いに闘争した時代がかなり長く続いたと想定できる。このような闘争が危険でありかつ不毛であるとの洞察、皆で一緒になって貫徹した解放行為への追憶、そして追放されていた時代に生じてきた兄弟間の心情的な結びつき、これらは最終的には彼らのあいだの和解と一種の社会契約へと彼らを導いていった。ここに至って、欲動の断念、相互に義務を負うことの是認、犯すべからざる（聖なる）制度のはっきりとした制定、すなわち道徳と正義の誕生などによって特徴づけられる社会組織の最初の形式が成立した。個々の男たちはすべて、父親の地位を独占するという理想、母親と姉妹たちを占有するという理想を断念した。それとともに、近親姦タブーおよび族外婚の掟が生じた。父親を片づけたことで宙に浮いてしまった絶対的権力のかなりの部分は女性たちの方に移り行き、母権制の時代が到来した。父親への追憶はこのような時代になっても「兄弟同盟」のなかで生き続けた。当初は恐怖のまとであった強力な動物が父親の代理と見なされるようになった。このような選択はわれわれ現代人にとっては奇異に思われるかもしれないが、人間がのちの世になってから自身と動物とのあいだに作り上げた裂隙など未開人たちにとっては存在していなかったし、われわれの時代の子供たちにあっても存在していない。子供の動物恐怖症をわれわれは父親不安として理解できたのだ。トーテム動物への関わり方のなかには、父親に対する感情関係の根源的な分裂（両価性）が完璧なかたちで保存されていた。トーテムは、一方では肉体を持った祖先にしてかつ一族の守護神であって崇拝され大切にされねばならなかった。他方において、原人たちの父親が遭遇した運命、トーテムを待ちうける祝祭の日が定められていた。トーテムは一族全員によって殺害され食べ尽くされた（ロバートソン・スミスの言うトーテム饗宴）。この大いなる祭の日は、実際に、団結した息子たちの父親に対する勝利を祝う祭の日であった。

このような一連の出来事のなかのどこに宗教は存在しているのであろうか？　父親の代理を崇拝するトーテミズムのなかに、トーテム饗宴によって明示された両価性のなかに、記念する祭の日の設定のなかに、違反すれば死をもって罰せられる禁令の設定のなかに、と十分な正当性をもって言える、と私は思っている。――私はさらに言いたいのだが、われわれはトーテミズムのなかに人類史における最初の宗教の現象形態を認めてよいだろうし、宗教が最初から一貫して持続的に社会的な組織化と道徳的な義務に結びついていたと確認してもよいだろう。宗教のさらなる展開に関しては、われわれはここではごく短く展望することしかできない。疑問の余地なく言えるのは、宗教が人類の文化的な進歩ならびに人間共同体の構成の変革と並行して歩みを進めていることである。

トーテミズムに続くつぎの進歩は崇拝される存在の人間化である。動物に代わって人間の姿をした神々が登場する。しかしそれがトーテムに由来することは隠されようもない。神はなお動物のような姿をとっているか、あるいは、少なくとも顔だけは動物のものとして造形されているか、である。あるいはトーテムが神の好む従者になって神から分離されないままであり、あるいは、伝説のなかで神がほかならぬトーテム動物を殺すことになるが、この動物は実のところ神の前段階であっただけの話である。この発展のなかで、その段階は容易には特定できないが、偉大なる母性神格が現れてくる。これは恐らくは男性性を有する神々の登場よりも昔の出来事であったろうが、ともかくその後かなりの期間、母性神格は男性性を有する神々と並存していた。この期間が経過するうちに大きな社会変革が起こった。母権が、ふたたび出現した父権制の秩序によって取って代わられたのである。新しい父親たちは、しかし、もちろん、かつての原人の父親のような全能を持ちえなかった。新しい父親たちは数が多く、かつての群れよりも大きな連合体のなかで共存して生きていた。彼らはお互いに十分に調和し合わなければならなかったし、社会的規約によって力を制限されていた。母性神格は恐らく、母権制が制約を受け始めたころ、軽んぜられた母親たちの弱化した力を埋め合わせるために成立したのだろう。男性神格は、はじめは息子の性格を持っていて、偉大なる母親たちの性格と共存していたように思われる。その後になって、はじめて、男性神格は明瞭に父親の形姿を示す諸特徴を備えるようになった。この多神教的な男性の神々は、この父権制の時代の状況をよく映し出している。この男性の神々はたくさんいて、互いに力を制約し合い、ときによっては有力な上位の神に従属したりもする。しかし、つぎの歩みは、われわれがここで取りくんでいる主題、すなわち、唯一にして無比の、無制約的に支配する力を有する父なる神の回帰へと進んで行く。

このような歴史的な展望は空白が多く不備であり多くの点で不確実であることは認めよう。しかし、われわれの先史構築が空想的なものに過ぎないと言いたい者がいるならば、その者は、先史のなかにつつまれて痕跡を残している素材の豊かさと実証力をひどく過小評価してしまうことになろう。ここでひとつの全的な連関へと結びつけられる過去の大きな出来事の断片は歴史学的に証明されているのであって、トーテミズムや男性同盟がそれにあたる。その他の事柄も明瞭な写しのなかに保存されている。それだからこそ、信者が彼の神の血と肉を象徴的なかたちで体内化するキリスト教の聖体拝受の儀式がいかに忠実に太古のトーテム饗宴の意義と内実を反復していることか、と研究者が繰り返し驚いてしまうような結果になるのだ。忘却されてしまった先史時代の豊富な名残りはいろいろな民族の伝説やメルヒェンのなかに保存されている。そして、子供の心的生活の分析的研究は、先史時代に関するわれわれの知識の空白と欠落を満たしてくれる素材を意想外なほど豊富に与えてくれた。大変に意味深い父親への関わり方の理解を助けるためには、父親にむさぼり喰われるという実に奇妙に感じられる恐怖と去勢不安の身の毛もよだつほどの強度を示す動物恐怖症を引き合いに出すだけでよいだろう。われわれの構築には、勝手に創作されたものや十分な根拠によって支えられていないものなど何ひとつない。先史に関するわれわれの抽出が全体として信頼するに足るものと見なされるならば、宗教上の教義と儀式のなかに二つの要因が認められることになろう。そのひとつは古い家族の歴史およびこの歴史の遺物に対する固着であり、いまひとつは、長い期間が過ぎ去ったのちの過去の復元、忘却されたものの回帰である。忘却されたものの回帰という事態はこれまで看過され、それゆえ理解もされなかった事態であるが、ここまで考えを進めてきた以上、少なくとも、印象深い例に則して証明されなければならないだろう。

特にはっきりと言っておかねばならないのは、忘却から回帰したものはまったく独特の力でもって回帰してきた目的を果たしてしまい、比較するものもないほど強力な影響を人間集団に及ぼし、真実にむけて抵抗しがたい要求を突きつけてくるという事実であり、この力に対するならば、論理的な異議申し立てなどいつも無力だ、という事実である。まさしく、不合理ゆえにわれ信ず credo quia absurdum とならざるを得ないかたちで。この奇妙に目立つ特質は精神病者における妄想をモデルにしてのみ理解されうるだろう。妄想のなかには、回帰してくる場合に歪曲や誤解を受けるのはやむをえないにせよ、忘却された一片の真理が隠れていること、妄想を支える強迫的な確信がこの真理の核から生じてきており、この真理の核をすっぽりと包みこむ誤謬というかたちでこの確信が拡散してしまっていること、をわれわれはずっと以前から理解していた。歴史的と形容すべき真理に関しても、もろもろの宗教の信仰箇条において、われわれは同様の実態を認めざるをえない。信仰箇条は、確かに精神病の症状の性質を帯びているのだが、集団的現象であるがゆえに孤立という名の呪いをまぬがれているだけに過ぎない。

動物トーテムからいつもお供のものを従えている人間の姿をとった神へ、という発展は容易に理解されるのだが（四つのキリスト教福音書の著者たちもなおそれぞれ愛する動物を持っている)、この例を一応、論の外に置くとしても、ユダヤ教において一神教という樹が植えられてからキリスト教における一神教の継承へ、という発展以上にすんなりと明瞭に理解される出来事は宗教史上、ほかにはひとつもない。ファラオの世界支配を一神教の理念の登場の誘因と見なすならば、ついで、この理念は誕生の地から切り離され他の一民族へと転移され、長い潜伏の時代を経たのちにこの民族によって占有され、貴重な財宝として彼らによって守られ、そうして、彼らに選ばれた民としての誇りを与えつつ、この民族の生命を守護した、という事情が見えてくるだろう。それは、報償を受け、傑出した存在であることを銘記され、最終的には世界の支配者たることを保証される希望と結びついた原父の宗教である。この最後の、世界支配という願望充足的な空想は、ユダヤ民族自身によってとうの昔に放棄されたのだが、こんにちなおユダヤ民族に敵対する者たちのあいだでは「シオンの賢者たち」の陰謀なるものを信じ込むというかたちで、生き続けている。エジプトから借用された一神教の独特の性質が、魔術と神秘主義を拒絶することによって、精神性における進歩を励起することによって、昇華を要求することによって、どのようにユダヤ民族に作用を及ぼさずにいなかったか、そしてどのようにユダヤ民族に持続的に刻印を押さずにいなかったか、また、この民族が真理を所有することによってどのようなかたちで至福を享受したか、選民意識に支配されてこの民族がどのようにして知性を高く評価し倫理性を強調するに至ったのか、さらに、この民族の悲惨な運命と現実世界のなかでの幻滅が右に記したような希望のすべてをどのようにして強化しえたのか、これらの問いに答えるのはここでは留保し、のちの章で記述する。いまはこの一連の展開を別の方向から追求して行きたいと思う。

原父がその歴史的に正当な権威を持って復活したことは大きな進歩であったが、しかし、それで事が終了するはずもなかった。すなわち歴史以前の悲劇のその他の場面も承認を迫ってきたのである。この過程を惹き起こしたものが一体、何であったのか、これは容易には推論できない。増強しつつあった罪の意識が、抑圧された内実の回帰の前兆として、ユダヤ民族を、おそらくは当時の文化的世界全体を呪縛し始めたように思われる。そうして、ユダヤ民族のなかから、正当化された政治的・宗教的扇動者の資格を得て、ひとりの男が現れ、新たな宗教すなわちキリスト教に、ユダヤ教から離れる機縁を与えることになった。タルスス出身のローマに住むユダヤ人パウロが、この罪の意識を取りあげ、正当にもこの意識を歴史以前の源泉へと連れ戻したのだ。彼はこの罪の意識を「原罪」と名づけた。これは神に対する犯罪であり、死をもって贖われるほかないものであった。原罪とともに死がこの世に到来した。実際のところ、死罪に値する犯罪は、のちに神格化されるに至った原父に対する殺人行為であった。しかしながら、殺人行為は想起されなかった。それに代わって贖罪のみが空想されることになってしまった。その結果、この空想が救済の告知(福音)として歓迎されてしまったのだ。ひとりの神の息子が罪なき者としておのれを死に至らしめ、それによって万人の罪を一身に引き受けた。死すべきは息子でなければならなかった。なぜならば、まさしく父親殺害が起こってしまっていたからである。この救済空想の完成には、恐らく、オリエントやギリシャの秘教からの伝承が影響を与えたのだろう。しかし、この救済空想の本質的なものはパウロその人の寄与するところであったと思われる。彼は本当の意味において宗教的な資質を帯びた人間であった。彼の魂のなかで過去のぼんやりとした痕跡が、より意識的な領域へと現れ出る準備を整えて待ち受けていたかのようである。

救済者が罪のないままにおのれを犠牲に供したという話は明らかに意図的な歪曲であって、これが論理的な理解を困難にした。一体どうして殺人行為に関して罪のないひとりの男が殺人の罪を一身に引き受け、おのれを殺害せしめることができるのであろうか？　歴史的現実のなかにはこのような矛盾は存在しなかった。「救済・解放者」は死罪にふさわしい主犯、父親を圧倒して打ち殺した兄弟同盟の首謀者以外の何者でもありえなかった。このような謀叛の主犯、指導者が実際いたかどうか、これは私の考えでは未決定のままにしておくべき事柄である。主犯が存在していたというのは、なるほど確かに大いにありそうな話なのだが、しかし、兄弟同盟のなかの各人が各々自分一人で犯行に至らんと欲し、そして共同体のなかで断念されて消え行きつつある父親との同一化の埋め合わせをする例外的な身分を独力で創り出そうと欲していたことが確かである点も考慮されなければならない。もしもこのような首謀者が存在しなかったとするならば、キリストは満たされずに終わった願望が生んだ空想のなかの遺産相続人であり、もしも居たとするならば、キリストは原父殺害の主犯の後継者にして生まれ変わりにほかならない。しかしここでは、空想であるにせよ忘却された現実の回帰であるにせよ、どうでもよい。いずれの場合においても、ここに、神人という観念、常に父親に対して謀叛を起こし父親を何らかのかたちで殺害する英雄という観念の根源が見出されるからである。* 劇のなかの英雄の「悲劇的な罪」というのも、通常は論証しがたいのであるが、ここではその現実的な根拠が見出される。ギリシャ悲劇のなかの英雄と合唱隊がまさしく反逆する英雄と兄弟同盟を表現しているのはほとんど疑いえないし、中世の演劇が受難物語の上演として改めて開始されているのも意味なきことではない。

* アーネスト・ジョーンズは、雄牛を殺害する神、ミトラスが、その犯行を誇る主謀者を表現している可能性に注意をうながしている。ミトラス崇拝がいかに長期間にわたって初期キリスト教と最終的勝利をめぐって闘ったか、ということはよく知られている。

すでに述べたように、信者が救世主の血と肉を体内化するキリスト教の聖体拝受の儀式は古代のトーテム饗宴の内実の反復であるが、これは言うまでもなく攻撃的な意味ではではなく、崇拝を表現するやさしい情愛に満ちた意味でなされる。しかし、父親との関わりを支配する両価性は、宗教上の革新という究極的な帰結のなかに明瞭に現れてしまっていた。

普通に言われるのは父なる神との和解宥和ということだが、この宗教上の革新は、父なる神の廃位と除去という結果に至ったのである。ユダヤ教は父親の宗教であったのだが、キリスト教は息子の宗教に変貌をとげてしまった。古い父なる神はキリストの背後に退き、キリスト、この息子たる者が、父なる神に取って代わってしまった。まさしく、先史時代にすべての息子がそれぞれ熱望していたことが起こったのである。ユダヤ教の継承者たるパウロは、また、ユダヤ教の破壊者にもなったのだ。パウロの成功は確かにまず彼が救済の理念を通じて人類の罪意識を呼び出し追い払ったという事実に存するわけだが、しかし、彼が彼の民族の選民意識および目に見えるしるしである割礼を放棄したこと、それゆえにこの新しい宗教が普遍的な、すべての人間を包括するものになりえたという事情も、同じように彼の成功を支えたのである。パウロの革新がユダヤ人のあいだで惹き起こした反対論のせいでパウロの進めた歩みには彼自身の個人的な報復の念がこもっていたのかもしれないが、いずれにせよ、パウロの革新とともに、古いアートン教のひとつの特質は復興され、新しい担い手たるユダヤ民族に移植された際にアートン教が獲得した閉鎖的な限定は解除された。

実際のところ、低い水準にいる新しい人間集団の侵入あるいは受容に際してよく起こることなのだが、多くの観点からみて、この新しい宗教は、古いユダヤの宗教に照らしてみるならば文化的退行を意味していた。キリスト教はユダヤ教が登りつめた精神化の高みを維持できなかった。キリスト教はもはや厳格に一神教的ではなくなり、周辺の諸民族から数多くの象徴的儀式を受け容れ、偉大なる母性神格をふたたび打ち立て、より低い地位においてではあるにせよ、多神教の多くの神々の姿を見え透いた隠しごとをするような仕方で受容する場を設けてしまった。これらを要約するに、キリスト教は、アートン教やそれに続くモーセの宗教のようには迷信的、魔術的、そして神秘的な要素の侵入に対する峻拒の態度をとらなかったのであり、結果としてこれらの要素はその後二千年間にわたって精神性の展開を著しく制止することになってしまった。

キリスト教の凱旋は、千五百年ののちに、より広大な舞台で起こった、イクナートンの神に対するアモン祭司たちの新たなる勝利にほかならなかった。しかも、キリスト教は、宗教史的に、すなわち抑圧されたものの回帰という観点から見るならば、ひとつの進歩なのであって、ユダヤ教はそれ以来、言うならば化石となってしまった。

一神教の理念がほかならぬユダヤ民族に対しこれほどまでに深い印象を与え、ユダヤ民族によってこれほどまでに強靭な力で保持されえたのはどうしてなのか、これは努力して理解するだけの価値のある問いだろう。そしてこの問いには答えることができると私は思っている。運命が、太古における偉業にして凶行たる父親殺害をユダヤ民族にとって身近なものにし、父親殺害をモーセという聳え立つ父親像を持つ人物に則して反復すべく誘ったからである。これは、分析作業のさなかに神経症者によく起こることなのだが、想起のかわりに「行為化」が現れてしまった例であった。ユダヤ民族にモーセの教えを想起させるような刺激に接して彼らは行為というかたちの否認でもって反応し、偉大なる父親の存在を承認するにとどまり続け、のちにパウロが太古の歴史の進歩と結びつけた場所に至るのをみずからに禁じてしまったのだ。もうひとりの偉大なる人物を暴力的に殺害した件がパウロの場合にも宗教的な新たな創造の起点となった事実は、どうでもよいことではないし偶然でもないだろう。ユダヤの少数の信奉者が神の子であり預言されたメシアであると見なしたこのもうひとりの男にも、のちになってモーセを讃える幼年時代の物語の断片がまとわりつくことになったが、われわれは、このもうひとりの男に関して、実際にはモーセその人に関する事柄よりも確かなことをほとんど知らないし、この男が実際に福音書が記しているような偉大な教師であったのか、あるいは、この人物が獲得した意義にとって決定的であったのはむしろこの男の死という事実ではなかったのか、断定することはできない。この男の使徒となったパウロも直接にはこの男を知らなかったのだ。

　伝承のなかの痕跡からゼリンによって解読され、奇妙なことに若きゲーテによっても一切の論証抜きで受け容れられたユダヤの民によるモーセ殺害[*]は、それゆえ、われわれの構築の不可欠の要因になるのであり、忘却された太古の事件と一神教のかたちをとった宗教の後世の再出現[**]とを結ぶ重要な紐帯となる。実際、モーセ殺害をめぐる悔恨の念が、メシアが再来してその民を救済しその民に約束された世界支配をもたらすだろうという願望に満ちた空想を生む原動力となったとするのは興味深い推測である。もしもモーセがこの最初のメシアであったとするならば、キリストはモーセの代理人そして後継者となるのであって、そうであればこそパウロもまた言わば歴史的正当性をもって諸民族に呼びかけることができたわけである。見よ、メシアはまことに来臨したまえり、メシアはまことに汝らの目の前で殺されたまえり、と。こうなると、キリストの復活にもまた一片の歴史的真理が宿ることになる。なぜならば、キリストは原人たちの群れに回帰してきた原父であり、神々しく変容して、息子として、父親の場に押し上げられた者だったからである。

＊『荒野のイスラエル』ワイマール版全集、第七巻、一七〇ページ。

＊＊ このテーマについてはフレーザーの有名な論を参照されたい。『金枝篇』第三巻、瀕死の神。

身についてしまった頑固さでもって父親殺害を否認し続けた哀れなユダヤ民族は、そのことで時代を通じて苛酷に罰せられるはめになった。彼らに向けられた非難はいつもこうであった。お前たちはわれわれの神を殺したのだ、と。そしてこの非難は、正しく解読されるならば、正当なのだ。宗教史的な関連のなかではこの非難は、お前たちは神（神の原像、原父、そしてのちの世の神の生まれ変わり）を殺したのを認めようとしない、という意味なのだ。この非難に補足される言葉があれば、それはこうなるだろう。もちろんわれわれも同じことをした、しかしわれわれはそれを認めたし、われわれは以来その罪を贖ってきているのだ、と。反ユダヤ主義がユダヤの民の子孫を迫害するにあたって、これほど正当な理由はありえまい。諸民族が表す強烈かつ持続的なユダヤ人憎悪という現象は、もちろん、ただひとつの理由によるはずもないだろう。いろいろな理由がたくさん推測されようが、多くのものは現実的な事情から明白に導き出せるものであって解釈する必要もない。が、別の、根の深い、秘められた源泉に由来する理由に関しては特殊な動機の存在が考えられてもよい。前者の現実的な理由のなかで、ユダヤ人は土地に馴染まない異邦人であるとの非難は実際のところまったく根拠のないものであろう。なぜなら、こんにち反ユダヤ主義が席巻している多くの土地で、ユダヤ人は全住民のなかで最古参の部類に属するのであり、また、現在の住民よりもずっと早くその土地にいたからである。この事実はたとえばケルン市の場合にあてはまるのであって、ユダヤ人はこの地にローマ人とともに、この地がゲルマン人によって占領されるよりも前にやって来ていたのである。ユダヤ人憎悪のその他の理由はさらに強力なもので、たとえば、ユダヤ人がたいていの場合、異なる諸民族のなかで少数派として生活している事情がそれにあたる。つまり集団の共同体感情はより完全なものになるために局外に立つ少数者に対する敵愾心を必要とするのであり、除外された者の数の上での弱さが今度は弾圧されることを促進してしまう。まったく許し難いとされるのは、しかしながら、またこれとは別のユダヤ人の二つの特徴である。第一の特徴とされるのは、ユダヤ人が多くの点で彼らの「主民族」と異なっていることである。しかし根本的に異なっているわけではない。すなわち、ユダヤ人は、敵が言い立てているような異種族のアジア人などではなく、地中海地方の諸民族の子孫から構成されていると考えてまず間違いないのであり、地中海文化の継承者なのである。しかしユダヤ人は、それでもなお異なっている、ほとんど定義できないようなかたちで特に北方諸民族と異なっている、とされる。そして、奇妙に目につく事実なのだが、集団が示す不寛容というものは、根本的な差異に対してよりもむしろ小さな相違に対して、より一層強く現れるのである。ユダヤ人が示す第二の許し難い特徴はさらに強烈な力を持つ。それはすなわち、ユダヤ人がありとあらゆる圧制に抗し続け、極端に残酷な迫害ですらもユダヤ人を根絶やしにできず、それればかりか、ユダヤ人はかえって実業生活で成功を収める能力を発揮し、事情が許すならば、すべての文化的な営為において価値の高い寄与をなす能力をも発揮するという事実なのだ。

ユダヤ人憎悪のより深い動機は遠い昔の過ぎ去った時代に根をおろしており、これは諸民族の無意識から発して現在の現実に作用を及ぼしているのであるが、この動機なるものがしっかりした根拠を持たないのを私は十分に承知している。私は敢えて言明するが、おのれを父なる神の長子にして優先的に寵愛を受ける子であると自称する民族に対する嫉妬がこんにちなお他の民族のあいだでは克服されていない。それゆえ、まるで他の民族はユダヤ人の自負の正しさを信じてしまっているかのようなのだ。さらに言えば、ユダヤ人を他から区別している諸慣習のなかで、割礼という慣習は不愉快で不気味な印象を与えてきたが、この印象が、去勢される恐怖を連想させるゆえに生じるのは明らかであり、また、この印象が太古の時代のすっかり忘却された断片を揺り動かす。そして最後になるが、これら一連の深い動機のなかの最新のものとして、こんにち極めて露骨にユダヤ人憎悪を示しているすべての民族が歴史時代もかなり経過してからはじめてキリスト教徒になった事実、しかも多くの場合、流血の惨をみる強制によってキリスト教徒にさせられた事実が忘れられてはなるまい。これらの民族はみな「粗末に改宗させられた」のであり、キリスト教という薄いうわべの飾りの下で、彼らは野蛮な多神教に忠誠を誓っていた彼らの先祖と何ら変わらないままであった、と言ってよかろう。彼らはこの新しい、彼らに押しつけられた宗教に対する恨みの念を克服できずに、この恨みの念を、キリスト教の源泉へと置き換えたのである。四つの福音書が、ユダヤ人のあいだの、そして元来はユダヤ人だけを描いている歴史を物語っている事実もこのような置き換えが起こるのを容易にした。彼らのユダヤ人憎悪は根本においてキリスト教憎悪なのであり、二つの一神教的宗教のこの緊密な関係が、ドイツにおけるナチズムの革命のなかで、双方に対する敵愾心に満ちた取り扱いというかたちで大変明瞭に現れている実情は驚くにあたらない。

これまでの論述で、神経症性の事象と宗教的な出来事のあいだの類似の論理を貫徹し、それとともに、宗教的な出来事の予測されなかった根源を示唆することに成功した可能性はあるかもしれない。個人心理学から集団心理学へとこのように論を転じる場合、異なった性質と異なった意義を持つ二つの難点が結果として現れてくるが、われわれはこの点を考えなければならない。第一の難点は、われわれがここで諸宗教に関する夥しい現象学のなかからたったひとつの例しか取り挙げず、他の例に光をあててこなかったことにある。まことに遺憾に思うが、著者は、このひとつの実験的事例以上のものを提示する能力がなく、研究を完璧にするために必要な専門的知識を持っていない、と白状しなければならない。著者としては、限定された知識から、若干のことを補記しておきたいが、マホメットの宗教創設の例はユダヤ教創設のひとつの簡略化された反復のように思われる。前者は後者の模倣として登場したと思われるのである。実際のところ、この預言者マホメットは、もともと、自身および彼の民族のためにユダヤ教を全面的に受け容れるつもりであったらしい。唯一の偉大なる原父をふたたび獲得したことはアラブ人のなかに自己意識の異様な高揚をもたらし、世界的規模の大成功へと導いたのだが、しかしその大成功でもって力を汲み尽くされてしまった。アラーは彼の選民に対して往時のヤハウェの場合よりも遥かに有難いものとしておのれを示した。しかし、この新しい宗教の内的発展はすぐに停止してしまった。これはおそらく、ユダヤ教の場合に宗教創設者殺害が惹き起こしたような深化を欠いていたためであろう。一見すると合理的にみえる東方の諸宗教は、その核心において祖先崇拝であり、それゆえまた、過去の人びとや事件の再構築という早期の段階にとどまっている。現代の未開諸民族においてひとつの至高の存在が彼らの宗教の唯一の内容となっていることが認められるとの見解がもしも正しいのであれば、この事態はただ宗教発展の退縮としてのみ把握されうるのであって、これは、われわれの研究領域で確認される数多くの発展不全の神経症例と関連づけられるだろう。いずれの場合にせよ、なぜ進展が起こらなかったのか、これは理解できない。これら未開民族の個性的な天賦の才能、彼らの活動性および彼らの社会全般の状態の動向にこそ根拠があると考えざるをえない。このようにいろいろと考えることはできるのだが、しかし現に存在し現前するものの説明で満足し、実現しなかったものを説明せんとするような努力などしないということは分析的作業の好ましい戒律なのである。

集団心理学への転用に際しての第二の難点は遥かに重要である。原理的な性質の新たな問題が投げかけられてくるからである。現実への作用力を持つ伝承が、現在生活している諸民族のなかに一体いかなる形式において存在するのか、という問いが現れてくる。これは個人を前にしては存在しない問いである。なぜなら個人の場合、この問いは、無意識のなかの過去の出来事の記憶痕跡の実在によって片づけられてしまうからである。さてここで、われわれが論じてきた歴史的な事例に戻ってみよう。われわれはカデシュにおける妥協の成立をエジプトから帰還してきた者たちのなかにあった強力な伝承の持続ということに基礎づけた。これ自体は何らの問題も隠し持っていない。われわれの考えによれば、この伝承は、当時生きていた人びとがたかだか二ないし三世代前の彼らの先祖たちから受け取った口承の意識されている記憶に基づいていたのであって、この先祖たちは、問題の出来事への関与者であり目撃者だったのだ。しかし、その後の幾世紀にもわたって、伝承が、通常のかたちで先祖から子孫へと受け継がれた知識にいつもいつも基づいていたなどと信じてよいのだろうか？　このような知識を胸に秘めて守り抜き、口承というかたちで伝え続けた人物たちはいかなる存在であったのか、これは右に記した場合のようには答えられない問題である。ゼリンに従うならば、モーセ殺害の伝承は祭司仲間のなかにずっと存在し続け、最終的にこの伝承は文書となったということになるのだが、ゼリンにこの伝承の真実性を推測させたのはこの文書だけだった。ゼリンの考えを支えたのが伝承ではなく文書だけであった点は一応おくとしても、伝承はごく少数の人びとにのみ知られていたに過ぎず、民族に共有された知識ではなかったことになる。これだけで伝承の持つ強力な作用を十分に説明できようか？　この知識が民族集団に伝播したと見なすとしても、民族集団をかくも持続的に呪縛してきた力をこのような少数者の知識のみに帰することができるのだろうか？　そうではなくて、むしろ、無知の民族集団のなかにもまた少数者の知識と似た何かが存在していたに相違なく、少数者の知識がおもてに現れたときに、まさしくその通りと集団によって受け容れられたのだ、と思われてならない。

太古の時代の類似の事例を考えてみると、このような事態に関する判断はより一層難しくなる。周知の特性を持った原父が存在していたこと、いかなる運命が原父を待ち受けていたかということ、これは幾千年もの時の流れのなかで確かに完全に忘却されてしまったのであり、加うるに、ここでは、モーセの場合のような口承としての伝承など想定しようもないからである。では、一体、そもそもいかなる意味において伝承というものが問題になりうるのであろうか？　いかなるかたちで伝承なるものが存在しえたのであろうか？

錯綜した心理学的事態の深みに入り込む気がなく、またその準備もしていない読者の肩の荷を軽くするために、私は、いまここで、これから論証して行く作業の結果を、まずもって提示しておこうと思う。伝承に関する心理学的事態にあっては、個人の場合と集団の場合のあいだの一致はほとんど完璧であって、集団のなかにおいても過ぎ去った出来事の印象は無意識的な記憶痕跡のなかに保存され続けているのだ、と私は考えている。

個人の場合、事は明瞭である。早期に体験されたものの記憶痕跡は個人のなかに保存され続けているのであって、その保存のされ方が独特の心理学的状態においてであるに過ぎない。個人は、早期に体験されたものを、ちょうど抑圧されたものをめぐって知っているのと同じように、いつも知っているのだと言ってよいだろう。この点に関して、われわれは、何がどのように忘却されるのか、そして忘却されたものがしばしの期間を経たのちにどのようにふたたび現れてくるのかを理解するため、分析によって容易に確認できる特定の観念群を築き上げてきた。忘却されたものは消滅したのではなく、ただ単に「抑圧されている」に過ぎず、その記憶痕跡は常に変わらぬ新鮮な生気を帯びて存在しているのだが、「逆備給」によって孤立させられている。逆備給の力によって孤立させられた記憶痕跡はそれ以外の知的過程との交流のなかに入ることができず、無意識的であって、意識にとっては近づけないものである。抑圧されたものの一部がその必然の流れから免れ、記憶にとって近づきやすいものとなり意識のなかに現れることもないわけではないが、その場合であってもそれはなお孤立しており、まるで異物ででもあるかのように他の知的過程の連関の外部にとどまる。このようなことも起こりうるが、しかし、そうでなければならないわけではない。抑圧は完璧でもありうるのであって、われわれはこれから抑圧が完璧である場合に沿って考えて行きたいと思う。

この抑圧されたものは固有の浮力を持っている。意識に肉薄せんとする固有の勢いを持っている。抑圧されたもののこの浮上せんとする勢いは三つの条件のもとでその目的を果たす。（1）心的装置の他の審級、いわゆる自我を襲う疾患過程によって、あるいは、通常睡眠状態において起こる自我内部の備給エネルギー配分の変化によって、抑圧されたものへの逆備給の強度が低下させられた場合。（2）思春期に起こる一連の出来事が最も分かりやすい例であるが、抑圧されたものに密着している欲動の一部が特別に強くなってしまう場合。（3）ある時点における新たな体験のなかに、抑圧されたものと余りにもよく似ているゆえに抑圧されたものを復活させる力をもつ諸印象が生じてしまう場合。このとき新たなものは抑圧されたものの持つ潜在的エネルギーによって強力になり、抑圧されたものは新たなものの背後にあって新たなものの助力を得て現実へと作用を及ぼしてくる。これら三つのいずれの場合であっても、それまで抑圧されていたものがすんなりと変化もせずに意識にのぼってくることは決してなく、いつも必ず歪曲を受けなければならない。この歪曲が、完全には克服されていない逆備給ゆえの抵抗の影響を証明しているのであり、あるいは、新しい体験が持つ変更能力を証明しているのであり、さらには、この両方の影響力の存在を証明している。

研究の見当をつけるための道標そして支点として、ある心的事象が意識的であるか無意識的であるかを区別することは有用である。抑圧されたものは無意識的である。けれども、この命題が転換されてよいとするならば、つまり、意識的（bw）と無意識的（ubw）との質的な差異が、自我帰属的と被抑圧的という区別に符合するとしてよいならば、それは確かに都合のよい単純化だと言わなければなるまい。われわれの心的生活のなかにこのような孤立した無意識的なものが存在するとの知見は新しくもあろうし十分に重要でもあろう。実際には、だが、事態はより複雑なのである。抑圧されたものはすべて無意識的であると言うのは正しいが、しかし、自我に帰属するものがすべて意識的であると考えるならば、これはもはや正しくない。意識というものがはかない性質のものであって、心的事象に一過性にくっついているだけなのだ、ということが留意されるべきだろう。それだからこそ、われわれは、真意を伝えるために、「意識的」を「意識できる」との表現に代えなければならず、この性質を「前意識的」(vbw) と名づけなければならない。それゆえに、自我は本質において前意識的(潜勢的に意識的)であるが、しかし自我が真に帰属する領域は無意識的である、と言う方がより正確なのである。

右の最後に確認された事情は、われわれがこれまで頼りにしてきた質的な区別は心的生活の暗闇のなかで見通しをつけるためには不十分だということを教えてくれる。われわれは、いまや、別の区別を導入しなければならない。この区別は、質的なものではなく、局所論的なものであり、また、この区別に特別な価値を与えることになるのだが、同時に、発生的なものでもある。われわれは、いま、多くの審級、領域、区画から構成されている装置と見なすべき心的生活において、本来的に自我と呼ばれるべきひとつの領域を、われわれがエスと名づけるもうひとつの領域から分離することにしよう。エスはより古いものであり、自我は、エスという樹木が外的世界の影響力を受けた結果発達してくる樹皮のようなものなのだ。エスのなかでは根源的な欲動がうごめいているが、エスのなかの一切の出来事は無意識のままに経過する。自我は、先に論じられたように前意識の領域に対応しているけれども、正常の場合には無意識のままにとどまる領分を含み持っている。エスのなかの心的事象にとっては、自我のなかにおける場合とはまったく異なった法則が、その経過と相互作用にとって支配的である。実際のところ、われわれをこの新たな見解に導き、この新たな見解の正しさを保証しているのは、ここに述べた区別の発見にほかならない。

　抑圧されたものはエスのなかに算入すべきものであって、また、エスを支配するメカニズムに従うが、ただその発生の仕方という観点においてのみエスから区別される。この差異化はエスから自我が発達してくる時期つまり早期に生じてしまう。この差異化が起こるとき、エスの内容の一部は自我によって受容されて前意識的状態へと浮上してくるが、エスの内容の他の部分はこの移動に参加せず、本来的に無意識なるものとしてエスのなかに残留する。しかし、自我の形成がさらに進んで行くうちに、自我のなかのある種の心的印象と心的事象が防衛過程によって締め出される。これら自我から締め出されたものは前意識的性質を奪われ、そしてふたたびエスの構成分へと沈下して行く。それゆえ、これらは、エスのなかに存在する「抑圧された」ものなのである。これら両方の心的区域のあいだの交流という点について言えば、一方では、エスのなかの無意識的事象が前意識の水準へと押し上げられて自我と合体させられ、そして、他方では、自我のなかの前意識的なるものが逆の道を辿ってエスのなかへと戻されると考えられる。自我のなかでのちに特別な「超自我」の領域が限定されてくることは、いまのところ関連がないので言及しないでおく。

　これらすべての事柄は単純明快さからほど遠いと思われるかもしれないが、心的装置の馴染みのない空間的把握にいったん親しんでしまうならば、この考え方は決して難しいものではない。なお注釈を付記しておくが、ここで論じられた心的局所論は大脳解剖学とはまったく関係がなく、厳密に考えても、ただ一箇所においてのみこれにかすかに触れるだけに過ぎない。このような考え方に対する不満を、他のすべての人びとと同様に私もはっきりと感じているのだが、この不満は、心的事象の力動的本性に関するわれわれの完全な無知に由来しているのである。われわれの考えによれば、意識的表象を前意識的表象から、前意識的表象を無意識的表象から区別しているのは、一種の変更過程、おそらくは心的エネルギーの配分の変更以外の何ものでもありえない。これは備給と過備給の話である。しかしこれ以上の事柄については、われわれには知るところがまったくないばかりか、使用可能な作業仮説への手がかりすらもまったく与えられていないのだ。意識現象に関しては、それが元来知覚に結びついている、とは言えよう。痛覚・触覚・聴覚あるいは視覚刺激の知覚によって生じるすべての感覚は最も早く意識される。思考過程、また、エスのなかにあって思考過程と類似している可能性を持つものはそれ自体無意識的であるが、視聴覚の知覚に由来する記憶痕跡と結びつき、言語機能という道を辿って意識への通路を獲得する。言語を欠いている動物の場合、事情はもっと単純であるに相違ない。

　われわれの論の起点である早期の心的外傷の印象は、前意識に移りくることすらないか、あるいは移りきてもすぐに抑圧によってエス状態へと戻されてしまうか、のいずれかである。早期の心的外傷の印象の記憶痕跡は、以後、無意識のままであり、エスから現実へと働きかけることになる。この記憶痕跡が体験当事者のものである限り、われわれは、その痕跡の歩み行く運命を十分に追跡できると信じている。新たな複雑な問題が登場するのは、個人の心的生活において、当事者自身によって体験された内実だけでなく、誕生に際して持って生まれてきた内実、系統発生的来歴を持つ断片、太古の遺産も現実に作動しているかもしれないという真実性の高い可能性にわれわれが注目するときなのだ。そうであるならば、それらはどこに存続するのか、何がそれらを含み持っているのか、それらの存在の証拠は何であるのか？　という問いが生じてくる。

まっ先に出てくる一番確からしい答えは、それらが、すべての生物に固有であるような特定の素因のなかに存続しているというものである。すなわち、特定の発達方向を辿る能力と性向のなかに、ある種の興奮や印象や刺激に対して特有の仕方で反応する能力と性向のなかに存続している、という見解。経験が教えるように、人間という種の個々人においてはこの能力と性向に差異が存在するゆえ、太古の遺産もこの差異をすでにして含み持っていることになり、この差異は、個々人における体質的要因と見なされるものとなって表れている。ところで、すべての人間が少なくとも乳幼児期にはほぼ同じ出来事を体験し、同じようにそれに反応する事実から、これらの反応も個別的な差異と同じく太古の遺産のせいにすべきではないのか、という疑念が生じる余地はあった。しかしこうした疑念は却下されなければならない。このような同質性の事実によって太古の遺産に関するわれわれの知見は豊かにはならないからである。

このようないろいろな論議がなされているうちに、分析的研究は本当に考えるに値する幾つかの成果をもたらしてくれた。そのなかには、まず、言語という象徴的表現の普遍性という事情がある。ある対象を別のものによって象徴的に代理させることは——行動の場合にも同様なのだが——すべての子供たちにとってありふれていて自明である。しかし、子供たちがどのようにしてそれを習得したのかを子供たちに則して証明してみせることなどできないし、多くの場合において、習得など不可能だと認めざるをえない。ここでは、成人した者が忘却してしまった根源的な知が問題になっているのである。成人も夢のなかでは確かに同じ象徴を使用するのだけれども、分析家が解釈してあげないと彼はその象徴を理解できないし、解釈されたとしても彼は分析家による翻訳を不承不承信じるだけに過ぎない。常日頃頻繁に使っている言い回しのなかにこの象徴性が固着しているのが見出されたとき、成人は、象徴の持つ本来の意味が彼にとって完全に失われてしまっているのを認めざるをえないはめに陥るのだ。この象徴性は、また、言語の違いをも超越している。研究がなされるならば、この象徴性が遍在的であり、すべての民族において同一であることが明示されるであろう。それゆえ、ここには、言語発達の時代からの贈与としての太古の遺産の確かな例が示されていると思われるが、しかし、また別の説明を試みることもできよう。つまり、人類史的な言語発達のなかで成立してきた観念と、言語発達が個人的になされるたびごとにそのつど反復されなければならない観念とのあいだの思考連関の発生が重要だ、とも言える。その場合、通常ならば欲動素因の遺伝と言うべきところを思考素因の遺伝と言うにとどまるわけであり、これではやはり、われわれの問題解決のための新たな寄与にはならないだろう。

しかし分析的研究は、これまでの諸研究の成果を遥かに越える射程を持つ別の事実をも明るみに出した。早期の心的外傷に対する反応を研究すると、その反応が厳密には現実に当人が体験したものには則しておらず、むしろその体験から離れており、系統発生的な出来事の典型に遥かによく似ており、総じて系統発生的な出来事の手本の影響によってのみ解明されうる、という事実にわれわれはしょっちゅう驚かされるのである。エディプス・コンプレクスや去勢コンプレクスにおいて神経症の子供がその両親に対してとる態度は、個人的な事件として正当化されるとは思われない。それは、太古の種族の体験へと結びつけることによって、つまり系統発生的に考察して、はじめて理解されるような反応を無数に表している。私自身がここでは証人となれるこのような資料を集めて公表するならば必ずや報われる努力となろう。この資料の持つ証明力は、さらに歩みを進めて、人間の太古の遺産は素因だけでなく太古の世代の体験に関する記憶痕跡の内容をも包括しているのだと言明するために、十分な強さを持っていると私には思われる。それとともに、太古の遺産というものの範囲も意義も著しく増強するであろう。

よくよく考えてみるに、われわれは長いあいだ、先祖によって体験された事柄に関する記憶痕跡の遺伝という事態は、直接的な伝達や実例による教育の影響がなくても、疑問の余地なく起こっているかのように見なしてきたと告白しなければならない。実際、ひとつの民族の古くからの伝承の存続について、あるいは、民族特質の造型について語るとき、われわれが考えていたのは、たいていの場合、このような遺産としての伝承であって、情報伝達によって伝播した伝承などではなかったのだ。言い方を変えるならば、われわれは少なくともこれら二つの伝承の質の違いを識別してこなかったのであり、この怠慢によっていかに大胆かつ厚顔な歩みを進めてきたか明瞭に自覚していなかった。確かに、われわれの意見は、後天的に獲得された性質の子孫への遺伝に関して何事をも知ろうとしない生物学の現在の見解によって、通用しにくくなっている。しかし、それにもかかわらず、生物学の発展は後天的に獲得されたものの遺伝という要因を無視しては起こりえないという見解を、われわれは、控え目に考えても認めざるをえない。確かに目下の二つの事例において問題となっているのは同質の遺伝ではない。一方では、捉え難い、獲得された性質の遺伝が問われており、他方では、外的世界の印象に関する記憶痕跡、ほとんど手にとって見ることができるような性質を持つものの伝達が問われている。けれども、実際のところ、根本においては、われわれは一方がなければ他方を思い浮かべることもできまい。もしも太古の遺産のなかに後天的に獲得された記憶痕跡が存続していると想定されるならば、個人心理学と集団心理学のあいだの溝に橋が架けられるし、諸民族は個々の神経症者と同じように取り扱われうる。太古の遺産のなかに記憶痕跡が存在することの証拠として、現在のところわれわれは、系統発生から導き出さざるをえない分析作業中の残滓現象よりも強力なものを持っていないと認めるしかないが、しかしこの証拠であっても、太古の遺産のなかの記憶痕跡の存在を自明のこととして仮定するに十分な力を持っている、と思われる。もしそうでないとするならば、われわれは、分析においても集団心理学においても、踏み出された道を一歩も進めなくなってしまう。われわれの要請は大胆ではあるが、これは避けられない大胆さなのだ。

このように考えを進めつつ、われわれはまた別のことをも行っている。人間が傲慢であった昔に人間と動物のあいだをあまりにも強く引き裂いた結果として生じた裂隙をわれわれは小さくしている。動物の本能は、新しい生活状況が昔から慣れ親しんできた状況であるかのように振る舞うことをはじめから動物に許す。この動物の本能生活全般に関して説明が可能であるとするならば、それは、動物がその種の経験を誕生とともに持ち込んできた、すなわち、それらの先祖によって体験されたものごとに関する記憶をおのれの内部に保持し続けていた、と言うしかないだろう。人間という動物にあっても、事情は、根本的には、別ではないだろう。範囲と内容は別ものであっても、動物の本能に対応するのが人間に固有の太古の遺産なのだ。

以上のような論究に基づいて、私は一片の疑念も持たずに言明する。人間は、彼らがかつてひとりの原父をもち、そしてその原父を打ち殺してしまったということを——独特のかたちで——常に知っていたのだ、と。

さらに二つの問いにここで答えなければならない。第一として、いかなる条件のもとでこのような記憶が太古の遺産のなかに入りこんだのか？　第二として、いかなる状況においてこの記憶は活動的になりうるのか、つまり、変形され歪曲されるにもせよ、エスのなかでの無意識的状態から意識へと突き進んでくるのか？　第一の問いへの答えは容易に定式化できる。出来事が非常に重大であったとき、あるいは頻繁に反復されたとき、あるいはそのどちらででもあったとき、である。父親殺害の場合には両方の条件が満たされる。第二の問いについては、夥しい数の影響が目に入るかもしれないが、そのすべてが知られる必要はなく、多くの神経症における事象と似て自然経過も考えられてよい。しかしながら、出来事の新たな現実的反復によって、忘却された記憶痕跡が喚起される事態が決定的意義を持つのは言うまでもない。このような反復のひとつがモーセ殺害であった。のちの時代には憶測に基づいてなされたキリストの処刑殺があり、これも反復のひとつであった。それゆえにこれらの出来事が忘却された記憶痕跡を喚起する原因として突出してくるのである。これを見ると、まるで、一神教の発生にとってはこれらの突発的事件が不可欠であったかのように思われてくる。ひとりの詩人の言葉が思い出される。「詩のなかで不滅に生くべきもの、そは此岸にては滅びざるをえず。*」

＊ シラー『ギリシャの神々』。

最後に、心理学的な論拠を付加する注意書きを示す。伝承は、それがただ単に直接的な伝達にのみ基づいているものであったならば、宗教的現象にふさわしい強迫的性格を生み出しえないであろう。直接的伝達は外部からやってくるすべての他の情報と同じように傾聴されたり判断されたり、場合によっては拒絶されたりするだろうが、論理的思考という拘束からの解放という特権的な力を獲得したためしは一度としてなかった。伝承とは、回帰してくるにあたって集団を呪縛してしまうほど強力な現実的影響力を発揮する前に、必ず一度はまず抑圧される運命に服さなければならず、無意識のなかに滞留している状態を耐え抜いてこなければならないものなのである。これは、宗教的伝承を前にして、われわれが驚嘆の念をもって、しかもこんにちまで理解できないままに見てきた通りである。そして、ここまで熟慮されてきた論旨こそ、事態が、われわれが努力して記述してきたように、現実にあるいは少なくとも近似したかたちで起こったのだと信じさせる重みを持っている。

第二部

要約と反復

この研究の以下の部分はかなりくどい説明と弁解なしには、公表できない。すなわち、以下の部分は、批判的研究の幾つかのものが短縮され、ユダヤ民族の独特の性格はいかにして成立したかという問題に関する追記が加えられてはいるものの、結局は第一部の忠実で多くは逐語的な反復にほかならない。このような叙述が不適切であるばかりではなく芸術的に美しくないのを私は承知している。私自身、このような叙述にはどうしても納得できない。

では、なぜ、私はそのような叙述を回避しなかったのか？　この問いに答えることは私には決して難しくはないが、やはり容易には納得しかねる。要するに、私には、この研究の尋常でない成立史の痕跡を消去するだけの力が備わっていなかったのだ。

実際のところこの研究論文は二度にわたって書かれた。最初のものは数年前にヴィーンで書かれたが、それを公表できるとは信じていなかった。私はそれを寝かせておくつもりだったが、それは、まるで救済されない亡霊ででもあるかのように私を苦しめた。そこで私は最初の論文を二つの篇に独立させわれわれの雑誌である『イマーゴ』に公表する打開策を見出したのだが、それが全篇の精神分析的序章と言うべき部分（『モーセ、ひとりのエジプト人』）とその上に打ち立てられた歴史的な構築（『もしもモーセがひとりのエジプト人であったとするならば……』）であった。本当に感情を害する不快なものと危険なものを含む残りの部分、つまり、一神教の発生および宗教一般の把握に関する応用篇の部分の公表を私は差し控えた。永久に差し控えるだろうと私は思っていた。ところが、一九三八年三月、予期していなかったことだがドイツが侵入してきて、私は故郷を去らなければならなくなった。しかしこの件はまた、当時まだ精神分析が許容されていたその地において私の研究論文公表が精神分析禁止を招いてしまうのではないかという危惧を取り除いてもくれた。イギリスに到着するや否や、私は、それまで抑え控えてきた私の知識を世界に知らせたいとの誘惑を抗いようもなく感じ、この研究の第三番目の部分を、二つのすでに公表された論文に結びつくように書き直し始めた。この作業は、当然ながら、資料の部分的な配列組み替えを伴うものであった。ところでこの二度目の書き直し作業において素材のすべてを取り込むことはできなかった。他方、以前書いた原稿のすべてを放棄する決心もつかなかったので、最初の原稿の全篇をそのまま第二の原稿に結びつける方策がとられる結果になったが、反復が多いという欠点はまさにこの事情に基づいている。

事の経過はこのようなわけであるが、私が問題にしている事柄は、ともかく、大変に新しく大変に重要であるゆえ、この件に関する私の叙述がどこまで正しいかは別にしても、世の読者がこの問題について同じ文章を二度読むことになっても不幸ではないだろうと考えて私は自分を納得させたい。この世のなかには、一度ならず幾度も言われてしかるべき事柄が、それでもなお十分ではありえないような事柄が存在するものなのだ。もっとも、その事柄のもとに停まったり、その事柄に立ち戻ったりするのは、読者の自由な判断に委ねられなければならない。読者に同じ本のなかで同じ内容を二度も示すような所業は無断でなされるべきではない。それは常に不適切であって、非難されても仕方ないだろう。けれども、残念ながら、書き手の創造力は、いつもその人間の意志に従うわけではない。作品は、それがなりうるものにしかなりえないのであり、著者に対して独立してしまうことが多く、それどころか、著者にとって異物のようになってしまう場合すらある。

(a) イスラエルの民

伝えられた素材のなかから使えると思われるものを採用し、役立たないものを捨て去り、心理学的に真実らしい可能性に則しつつ個々の断片を組み立てて行くわれわれの方法が明瞭になるならば、——このような技法が真理を発見するにはまったく不確かであることが明瞭になるならば、そもそも何のためにこのような研究が企てられているのか、問われて当然であろう。この問いへの答えはこの研究の成果そのもののなかに存する。歴史学的・心理学的研究に求められる厳密さがもっと緩やかになるならば、これまで常に注目に値すると思われてきただけでなく現在只今起こっている事態ゆえに新たに見る者に肉薄してくる問題を解明することがおそらく可能となるであろう。古代において地中海沿岸に居住していたすべての民族のなかで、こんにち名前だけでなく実質においてもなお存続しているほとんど唯一の民族がユダヤ民族であることは知られている。比類のない抵抗力でもってユダヤ民族は不幸な運命や虐待に抗し続け、独特の性格特徴を展開し、同時に、あらゆる他民族の心底からの憎悪を身に受けてきた。ユダヤ人のこのような生命力はどこからやってくるのか、その性格はその運命とどのように関連し合っているのか、これはまことに知りたくなる問題であろう。

まず、他民族に対するユダヤ民族の関係を支配しているユダヤ人の性格特徴から始めてみよう。ユダヤ人が自分たちについて特別に気高い見識を持ち、自分たちを高尚であると見なし、自分たちの持つ多くの慣習によって分離される他民族よりもより高貴であり優れていると考えているのは間違いないところである。* そしてまた彼らは、貴重な財産を密かに占有することによって与えられる特殊な信念でもって生命と生活を満たしている。これは一種の楽天主義なのだが、敬神の念の篤い者はこれを神への信頼と言うだろう。

＊　昔よく言われた悪口、つまり、ユダヤ人は「癩病人」だという悪口（マーネト）は、おそらくは「奴らは、まるで俺たちが癩病人ででもあるかのように俺たちから離れてやがる」という他民族の気持ちのひとつの投影だろう。

われわれはユダヤ人のとるこのような態度の理由を知っているし、また、彼らの秘密の宝物が何であるかも知っている。彼らは実際に自分たちが神によって選ばれた民族であると考え、特別に神に近いところに立っていると信じているのであり、このことが彼らに誇りと確信を与えている。よく知られている事実だが、彼らはすでにヘレニズム時代にこんにちと同じように振る舞っていたのであり、それゆえ、ユダヤ人という存在は当時すでに出来上がっていたわけであって、彼らが一緒にあるいは並存して生活していたギリシャ人も、ユダヤ人の持つ特異性に対して、こんにちの「主民族」と同じような仕方で反応し応接していた。ギリシャ人もまたイスラエルの民が自負していた特権的優位性を信じているかのように反応していたと考えてよかろう。ある人間が畏怖すべき父親の寵児であることが明白な場合、その人間が同胞から嫉妬されるのを不思議がる必要などないのであって、このような嫉妬がいかなる帰結をみるかは、ヨセフとその兄弟にまつわるユダヤの伝説が見事に描き出している。その後の世界史の経過はこのようなユダヤ人の傲慢不遜を肯定するかのようである。なぜなら、のちの世になって神が人類にメシアすなわち救済者を送り込む気になったとき、神は救済者をまたしてもユダヤ民族のなかから選び出したからである。他の諸民族は当時、本当だった、彼らは正しかった、彼らは神に選ばれた連中なのだ、と呟かざるをえなかったかもしれない。しかしながら、事の成り行きはまるで別だった。他の民族にとってイエス・キリストによる救済はただひたすら彼らのユダヤ人憎悪をかき立てるだけであった。ユダヤ人自身はこの二度目の寵愛から何らの利益も享受できなかった。なにしろユダヤ人はイエス・キリストを救済者として認めなかったのだから。

先に詳しく述べてきた事情に基づいて、ユダヤ民族に対しその将来の一切にとって重要な特徴を刻印づけたのはモーセという男であった、とわれわれはいま言明してもよいだろう。彼はユダヤ民族が神の選民であることを保証して彼らの自尊の念を高め、彼らを聖別し、彼らに他民族から離脱することを義務づけた。他民族には自尊の念が欠けているなどと言うつもりはない。こんにちと同様に、当時もまた、すべての国民は自分たちを他の国民よりもよいものだと思っていた。しかしながら、ユダヤ人の自尊の念はモーセの力を受けて宗教的にがっしりと根を張ってしまったのであり、彼らの自尊の念は彼らの信仰心の一部と化してしまったのである。神への特別に緊密な関係に基づいて、ユダヤ人は、神の偉大さを分有するに至った。そして、ユダヤ人を選び出しエジプトから解放した神の背後にモーセという人物が立っており、この人物が委託を受けたと称してこれらの仕事を成し遂げた事実をわれわれは知っているのだから、ユダヤ人を創造したのはモーセというひとりの男であった、と敢えて言ってもよかろうと思う。ユダヤ民族は、その強靭な生命力を、また同時に、昔から身に受けいまもなお身に受け続けている周囲の敵愾心のほとんどすべてを、モーセという男から受けとったのだ。

(b) 偉大なる男

ただひとりの人間が、お互いに無頓着のまま漫然と生きている個々人や個々の家族からひとつのまとまった民族を造型し、その民族に最終決定的な特性を刻印し、その民族の運命を幾千年にもわたって規定してしまうほどの尋常ならざる影響力を現実に発揮するような出来事がいかにして起こりうるのであるか? そもそもこのように問い考えること自体、創造者神話や英雄崇拝を生んだ思考様式への、また、歴史記述が個々の人物や支配者や征服者の行為と運命の報告だけでこと足れりとしていた時代への退歩ではあるまいか? 近代の傾向は、むしろ、人類の歴史上の出来事を、目だたない、一般的で非人格的な要因に、つまり、経済的状況の強制力ある影響、栄養摂取様式の変遷、資源や道具の使用上の進歩、人口増加や気候風土の変化によって起こる移動といった要因に帰するようになってきている。この場合、個々の人物には、大衆集団の代表者あるいは代理人以外のいかなる役割も与えられない。大衆集団というものは否応なくそれ自体を表現せずにはいられず、そういう表現をかなりの偶然によって個々の人物のなかに見出したに過ぎぬ、というわけである。

これはこれとしてまったく正当な観点である。しかし、この観点のみに立つと、われわれの思考器官の調整とわれわれの思考によって把握されるべき世界の摂理とのあいだに重大な不調和をつくり出すことになろう。もしもすべての出来事がそれぞれひとつの証明可能な原因だけで起こるのであれば、因果性に対するわれわれの強烈な欲求が満足させられるのは言うまでもない。だが、われわれの外部の現実世界において、事情がそのようになっていることはほとんどない。むしろあらゆる出来事は、多元的に決定されているように思われ、結局、多くの原因が収斂した結果として惹き起こされている実情が明らかとなる。出来事の持つ見極め難い複雑さに直面して驚き、われわれの研究はひとつの文脈を味方に取りこみ別の文脈を敵にして、対立命題を打ち立てたりするわけだが、そのような文脈も命題も長続きするはずがない。それらは所詮、包括的な関連系を引き裂くことによって生じたものに過ぎないからである。* それゆえ、もしも、特定事例の探究によって、ひとつの人格の比類なく聳え立つ影響力が実際に存在したことが明らかになったとしても、われわれは、右に述べた一般的で非人格的な要因の意義を重視する学説をないがしろにしたと悩んで良心に恥じる必要などない。基本的には両方の考えが容認されて当然なのだ。もっとも、一神教の生成に関して言えば、一神教の発展は複数雑多の民族とひとつの大帝国建設のあいだの緊密な関係の成立と結びついている、という先述された事実以外のいかなる外的要因もわれわれは指摘できない。

＊　しかしながら、もしここで、世界はあまりにも複雑であるから誰が何を言ってもどこかで真理の一断片くらいにはぶつかるはずだ、などと私が言いたがっているという誤解が生じるならば、私はこれを断固として却下する。そのようなことを私は言いたいのではない。われわれの思考は、現実世界のなかに対応するものが全然ないような依存関係や相互関係を発見する自由を守り抜いてきたのであって、科学の内部でも科学の外部でも非常に豊かに有効にこの自由を駆使していることからも明らかなように、この自由という賜物を極めて高く評価しているのである。

以上のような事情であるゆえ、われわれは、出来事を惹起する力の連鎖のなかに、あるいはより適切かもしれないが、出来事を惹起する力のネットワークのなかに「偉大なる男」のための場所を確保しておきたい。しかし、いかなる条件が揃ったときにわれわれはこの敬称を授けるのかと改めて問うことは、まったく意味がないわけではないと思われる。実際のところ、この問いに答えるのは決して容易でないと気づいて、われわれは驚かざるをえない。まず、われわれが高く評価する特性をとりわけ高程度にそなえている人間、との定義が浮かぶが、これはどう考えても明らかに不適切である。たとえば美しさや筋力の強さは、人が羨むほどであっても、「偉大さ」を要求することなど決してできない。となると「偉大さ」とは精神的な質、心的そして知的優秀に関する事柄なのかもしれない。だがこの場合も、特定の領域で卓越した能力を持つ人間を、それだからと言ってただちに偉大な人間とは呼ばないのではあるまいか、との疑念が生じてくる。確かに、チェスの名人あるいは楽器の巨匠を偉大と称することはないが、しかしまた優れた芸術家や研究者も容易には偉大と言われない。このような場合に、彼は偉大な詩人、偉大な画家、偉大な数学者、偉大な物理学者だ、かくかくしかじかの活動分野でのパイオニアだ、と言うのは妥当と思われるけれども、しかし、彼は偉大な男だ、と認めることは差し控えられる。われわれが、たとえば、ゲーテ、レオナルド・ダ・ヴィンチ、ベートーヴェンをためらいなく偉大な男たちだと理解するとするならば、そのときには、彼らの偉大な作品に対する感嘆の念とは別の何かしらがわれわれを動かしているに相違あるまい。もしもこの男たちのような例がなかったならば、おそらく、「偉大なる男」という名称はもっぱら行動する男たち用のもの、つまり征服者、将軍、支配者用のものであり、彼らがなした仕事の偉大さ、彼らの行動から発した影響力の強さを承認するものだ、と考えられる結果になるであろう。しかしこの考えもまた満足すべきものではない。同時代そしてのちの世への影響力という点ではなるほど異論の生じようがない人物のなかにいる実に多くの実に下らない人物に対して否定的宣告が下される事実からしても、この考えは完璧に反駁されてしまう。最終的に成功することなく不幸のなかで破滅していった無数の偉大な男たちが想起されるならば、結果としての成功ということもまた、偉大さのしるしとして選び出すわけには行かないだろう。

こうなると、「偉大なる男」という概念の一義的な内実を探究するのは徒労だと決めつけたくもなってこよう。問題になっているのは「偉大さ」という語の根源的な意味に近づいて行くにあたって、ある人間的な特質の常軌を逸した発達をゆるい規定でかなり恣意的に承認することだけなのかもしれない。また、われわれが関心を寄せているのは、偉大なる男の本質というよりも、何によって偉大なる男は彼の同胞たちに影響を与えるのかという問題なのだ、という事情もよく自覚されねばなるまい。けれども、われわれはこの探究を可能な限り簡略化して短く述べることにしよう。この探究にこだわっていると目標から大きくそれてしまうから。

そこでとりあえず、偉大なる男とは二つの仕方で、すなわちその人格と確信する理念とによって彼の周囲の人びとに影響力を発揮する、ということにしておきたい。この理念は、大衆集団の古くからの願望形象を強化するものかもしれないし、あるいは、大衆集団に対して新たなる願望目標を示すものかもしれないし、あるいはまた別の仕方で大衆集団を呪縛するものであるかもしれない。時には――そしてこれこそ確かに根源的な事態なのだが――人格の力のみが影響を及ぼし、理念の果たす役割はごく小さい場合もある。なにゆえに偉大なる男がそもそも意義を持つに至るのか、この問いの答えが不明瞭になることは、決してない。人間の集団には感嘆讃美するに値する権威への、屈服すべき権威への、それによって支配されたいと願う権威への、場合によってはそれによって虐待されたいとすら願う権威への強烈な欲求が存在しているのをわれわれは知っているからだ。このような集団の欲求がどこから生じてくるのか、われわれは個別的な人間に関する心理学から経験的に学んできた。この欲求の発生源は、すべての人びとに幼年時代から内在している父親への憧れにほかならない。伝説のなかの英雄が打ち勝ったと称して誇りにする当の相手たる父親への憧れにほかならない。そして、ここまで考えてくると、われわれが偉大なる男に付与してきた特徴のすべてが父親の持つ特徴であること、この一致する特徴のなかにこそ空しく追い求められてきた偉大なる男の本質が存在していることがどうにか見えてくると思われるのである。断固たる考え方、強靭な意志、行動の重々しい力強さは父親像に染みこんでいるのであるが、しかし、そのなかでも特に、偉大なる男の自立性と独立性、冷淡さにまで至りうる神のごとき無関心こそ父親像に固有のものなのである。父親には驚嘆せざるをえないし、父親を信じてもよいのだが、しかしまた父親には恐怖の念をも抱かざるをえない。われわれは、つぎのような言葉でもって歩み始めるべきだったのかもしれない、幼年時代に父親以外の誰がそもそも「偉大なる男」でありえたのか！

強制労働に服していた哀れなユダヤ人たちのなかに身を落とし、汝らこそ愛するわが子供たちであると言明したのがモーセという人物の姿をとって現れた強烈な父親像であったことに疑問の余地はない。それに劣らぬ圧倒的な影響力をユダヤ人に対して及ぼしたのは、唯一で永遠かつ全能の神という観念であったに相違あるまい。この神にとってユダヤ人は取るに足らない存在ではない。彼らと契約を結んでくれたのであり、ユダヤ人たちが誠実に崇拝し続けるならば彼らを見まもると約束してくれた神なのだ。モーセという男の姿をモーセの神の姿から区別するのは、ユダヤ人にとってはおそらく容易ではなかったであろう。癇癪持ちで仮借ないというモーセ自身の人物の特徴をモーセがその神の性格のなかに取りこんだ可能性がある以上、モーセとその神を区別するのは難しいと感じたユダヤ人の感性は正当なものであった。それからユダヤ人はついにこの偉大なる男を打ち殺すに至るわけだが、これは、太古の時代に、神格化されていた王に対して掟として課せられていた王殺害という凶行のひとつの反復に過ぎなかった。このような凶行がもっと古い祖型にまで溯りうることはよく知られている。*

* フレーザー、前掲書、参照。

このように偉大なる男の姿が神的なるものへと育っていったのは事実の一面ではあるが、また、この父親もかつてはひとりの子供であったという事実も、時にはしっかりと想起されねばなるまい。モーセという男が示した偉大な宗教的理念は、われわれがすでに詳しく述べてきた通り、モーセ固有の所有物ではなかった。彼はこの偉大な宗教の理念を彼の王たるイクナートンから受け継いだ。そしてこの王もまた、その宗教創設者としての偉大さは明瞭ではあるけれども、彼の母親からの言い伝えによって、あるいは別の道筋を通じて

――近東あるいはもっと遠いアジアの地から――彼のもとに到達した宗教的励気におそらくは従った。

このような連鎖をさらに追求することはわれわれにはできないが、しかし、近東から、という考えが妥当だとするならば、一神教の理念はブーメランのようにその歴史的な誕生の地へと戻ったことになる。このように考えてくると、新たな理念の誕生をめぐって一個人の業績を確認しようと努力するのは不毛と思われる。多くの人びとがこの理念の発展のために共に働き寄与したのは明らかである。他方、この原因として作用する力の連鎖をモーセのところで切断し、モーセの後継者と継承者、すなわちユダヤの預言者たちが成し遂げてきた仕事をないがしろにするのは、著しく不当な所業になるだろう。一神教という種子はエジプトでは開花しなかった。ユダヤ民族がこの厄介で理念の高すぎる宗教を振り払ったのち、エジプトと同じ結末がイスラエルで起きても不思議ではなかった。だが、ユダヤ民族のなかからは、色あせて行く伝承を思い出しては蘇らせ、モーセの訓誡と要求を復活させ、失われたものがふたたび確立されるまで決して休むことのなかった男たちがつぎつぎと現れた。幾世紀にも及ぶ絶えざる努力のなかで、そして最終的にはバビロン捕囚の前後の二度の大きな宗教改革によって、民族神ヤハウェが、モーセによってユダヤ人に押しつけられた神へと変貌して行く過程はとうとう完了してしまったのだ。選ばれた存在であるという報酬のために、そしておそらくはそれと同じくらい高度の別の報酬のためにモーセ教という重荷を背負わんとした多くの人びとをこれほどまでに輩出しえた事実こそ、のちにユダヤ民族となっていったこの集団のなかに特殊な心的適性が存在していたことを証明している。

(C) 精神性における進歩

ある民族に対する持続的な心的影響力を獲得するためには、その民族が神によって選ばれていると保証するだけでは明らかに不十分である。その民族が神を信じ、その信仰からもろもろの帰結が実を結ぶべきであるならば、選ばれた存在であることが何らかのかたちで証明されなければなるまい。モーセ教においてはエジプト脱出がこのような証明の役割を果たした。神は、あるいは神の名においてモーセは、この恩寵の証明を示して倦むことを知らなかった。過ぎ越しの祭はエジプト脱出という出来事の記憶を定着させるために設けられた。あるいは、古くからあった祭がエジプト脱出の記憶内容によって満たされたと言うべきかもしれない。しかし、そうは言っても、これはひとつの記憶でしかなかった。エジプト脱出は消え去り行く過去の出来事でしかなかった。ユダヤ民族において、この神の恩寵のしるしはひどく乏しいものであり、民族の運命はむしろ恩寵の喪失をこそ示してきた。未開の諸民族は、彼らの神々が彼らに勝利と幸運と安楽を提供する義務を果たさなかった場合、彼らの神々を排除するのを慣習としていた。それどころか神々を処刑することすら慣習としていた。王たちはいつの世にあっても神々と同じように取り扱われてきた。この太古における王と神の同一性は、両者が共通の根から生じてきた事実を明瞭に示している。近代の諸民族もまた、国土や財産の喪失を伴う敗北によって王の統治の光輝がかげりを帯びてくると、この王を追放してしまうのを通例としている。ところが、しかし、イスラエルの民は神からひどい扱いを受ければ受けるほどますます神に対して恭順に屈従してきたのだ。これはいったいなぜであるのか。これはいまのところそのままに立てておかねばならない問題である。

以上の事情は、モーセ教はユダヤ民族に、選ばれた存在であるという意識に基づく自負の念の高揚以外の何か別のものをもたらさなかったかどうかを探究する気持ちへとわれわれを誘うだろう。この何か別のもののなかの分かりやすい要因は実際容易に見出される。つまりこの宗教はユダヤ人に大変に壮大な神の観念を、あるいは少し控え目に言えば、偉大なる神という観念をもたらしたのだ。この神を信じる者はある程度はこの神の偉大さを分け持っていたのであり、自身が高められたと感じても当然であった。このことは信仰を持たない者にとっては必ずしも自明ではないだろうけれども、たとえば革命によって政情不安定になった異国に生活するイギリス人の誇り高い気持ちを思うならば、このような心情は比較的容易に理解されるかもしれない。イギリス人が持つこのような誇り高い気持ちは大陸の小国家の国民には完全に欠落しているものだ。すなわちイギリス人は、もしも彼が指一本でも触れられるならば彼の政府が戦艦を派遣してくるだろうと、そして反逆者も自分たちの小国がそもそも戦艦など持っていないのを承知しているだろうと、計算済みなのである。それゆえ大英帝国の偉大さに対する誇りも、個々のイギリス人が享受している偉大なる安全と偉大なる庇護という意識のなかにその根を持っているわけである。この事情は偉大なる神の観念の場合と似ているかもしれない。そして世界統治に際して神に協力することなどほとんど求められるはずもないわけであるから、神の偉大さについての誇りと選ばれた存在であるとの誇りのみが純粋に融合することになる。

　ところでモーセ教の掟のなかには、一見しただけでは解し難い大変に意義深いひとつの掟がある。それは、神の姿を造形することの禁止であり、見ることのできない神を崇拝せよという強制である。察するに、モーセはこの点においてアートン教の厳格さを凌いでいた。ひょっとしたらモーセは一貫性を保とうとしただけなのかもしれない。彼の神はこうして名前も顔も持たなかったわけだが、ひょっとしたらこれは魔術的に濫用されることへの新しい防止策程度の手段だったのかもしれない。しかしながら、この掟は、いったん受け容れられたならば、根本的な影響力を発揮するしかないものであった。なぜなら、この掟は、抽象的と称すべき観念を前にしての感官的知覚蔑視を、感覚性を超越する精神性の勝利を、厳密に言うならば、心理学的に必然的な結果としての欲動の断念を、意味していたからである。

一見したところ納得できないように思われる事柄が実は信ずるに値すると理解するためには、人間の文化の発展における同じ性質を持った異なった出来事が想起されなければなるまい。このような出来事のなかの最初のもの、おそらく最も重要なものは、太古の時代の暗闇のなかに消え去ってしまっている。けれども、その出来事の驚嘆すべき影響力をみると、われわれは、それが実際に起こったと言明せざるをえない。われわれの子供たち、成人のなかの神経症者たち、そしてまた未開民族において、われわれは、「思考の全能」への信仰とも言うべき心的現象を見出すのだが、われわれの判断によれば、これは、われわれの心的行為、ここでは知的行為と言うべきものが外的世界を変えることができるとする、思考の持つ影響力の過大評価にほかならない。これだけでなく、われわれの技術の先駆とも言うべきすべての魔術も根本においてはこの前提の上に成り立っている。さらに言葉の持つあらゆる魔力に関する信仰も、ある名前を知りそれを口にすることに結びついている信仰も、この前提の上に成り立っている。「思考の全能」は、知的活動の尋常でない促進をもたらした言語の発達にまつわる人類の誇りの現れである、と考えられる。ここに、感覚器官の直接的知覚を内実としていた低次の心的活動に対立する精神性の新たなる王国が出現したわけであり、この王国においては観念、記憶、そして推論過程が決定的となった。この出来事は確かに、人間になるための最も重要な道程のひとつであった。

のちの時代に起こったもうひとつ別の出来事はずっと分かりやすい。十分には知られておらず、ここで追求される必要もないが、ある外的な要因の影響下で、母権制の共同体秩序が父権制のそれに取って代わられる事態が生じた。当然ながら、この交替にはそれまでの掟の転覆が伴った。この革命の余韻はアイスキュロスの『オレステイア』のなかにまで残っていることが感知されよう。ところが、母親から父親へというこの転換は、また、感覚性に対する精神性の勝利を、つまり文化の進歩と言うべきものを告げている。と言うのも、母性というものが感覚による目撃証言によって明示されるのに対して、父性というものは、推論と論理的前提で打ち立てられた仮定的承認だからである。思考過程が感官的知覚を超越することとは、確かに、重大な結果へと至る一歩なのだ。「思考の全能」に対する信仰の出現と母権制から父権制への転換という上述した二つの出来事のあいだのある時点で、宗教史研究のなかで明らかにされた事柄と多くの点で類縁性を示す、もうひとつの別の出来事が起こった。すなわち、そのとき、人間は、感覚的とりわけ視覚的には把握されえないが、それでもなお疑問の余地のない尋常ならざる影響力を発揮するような、もろもろの「精神的な」力を承認するようになったのである。言葉が証拠として信じられてよいとするならば、精神性の典型的表象を与えたのは、動いている空気 Luft であった。それゆえ精神 Geist はその名前を風の息吹 Windhauch (animus, spiritus, ヘブライ語では ruach すなわち風) から借りている。それとともに、個々の人間の精神性の原理として、魂 Seele も発見された。観察によって人間の呼吸においても、動いている空気が再発見されたが、呼吸は死とともに止むのであって、こんにちでもなお、死に行く者はその魂を呼気の風として吐き出すと言われている。ところで、他方においては、人間には精神性の王国が拓かれていたゆえ、人間は、自身において見出した魂が自然界のあらゆるもののなかにも存在すると信じるようになった。全世界は魂の息吹を吹き込まれた。ずっと後世になって登場した科学は世界の一部から魂をふたたび抜き取る仕事を続けてきたが、こんにちでもなお科学の任務が済んだとは言えない。

モーセの禁令によって神は精神性のより高度な段階へと高められ、神の観念にはさらなる変化をとげて行く道が拓かれたわけだが、この変化についてはなお述べるべきことが残されている。しかしここでは、さしあたり、この禁令が及ぼした別の影響について考えておきたい。精神性におけるこのような進歩はすべて、個的人物の自負の念を高め、その人物を誇り高くし、感覚性に呪縛され続けている他者に対する優越感を与える結果になる。周知のようにモーセはユダヤ人に、自分たちは選ばれた民族である、という高揚した感情を与えた。神から一切の物質性を除去することによって、この民族の秘められた財宝に新たな価値高きものが加えられた。ユダヤ人は精神的なことへの関心を持ち続けた。ユダヤ人の国家を襲った政治的な不幸は、彼らに残された唯一の財産すなわち彼らの文書をその価値にふさわしく大切にする必要を彼らに教えた。ティトゥスによってイェルサレムの寺院が破壊されると、ただちに、ラビであったヨハナン・ベン・ザッカイはヤブネに最初の律法学校を開くよう申し出て許可された。そののち、離散してしまったユダヤ民族をしっかりと結びつけていたのは、この聖なる文書であり、聖なる文書をめぐって続けられた精神的な努力であった。

以上のことは一般に知られており受け容れられている。ユダヤ的本質の精神性における特異な発展は、神を目に見える造形物として崇拝することを禁じたモーセの掟によって開始されたという事実、私はただこれだけを付け加えたかった。

おおよそ二千年間にわたってユダヤ民族の生活のなかで精神的な努力に与えられてきた優越性は、当然ながら、現実的な影響力を発揮してきた。精神的な努力の優越性は、筋力の発達を理想とする民族のなかに現れるのを常とする粗野と暴力への傾向を抑制するのに役立ってきた。たとえばギリシャ民族が到達したような精神活動と肉体活動の鍛錬における調和はユダヤ人には与えられなかった。しかし、この相剋のなかでユダヤ人は、少なくとも、より価値高きものを獲得する決断を下したのであった。

(d) 欲動断念

精神性における進歩と感覚性軽視がなぜひとりの人物そしてひとつの民族の自己意識を

高揚させるのか、これは決して自明のことではないし、すんなりと洞察できる問題でもない。この事態は特定の価値基準を、すなわちこの価値基準を行使する別の人格あるいは別の審級を前提にしていると思われる。これを解明するために、われわれに理解されるようになった個人心理学のなかの類似の事例を考えてみることにしたい。

人間存在のなかでエスが性愛的あるいは攻撃的な性質を帯びた欲動要求を増強させるとき、最も単純で最も自然な結末は、思考装置と筋肉装置を自由に使用できる自我が行動によって欲動要求を満足させる場合である。この欲動の満足は自我にとって快と感じられ、不満足は疑いなく不快の源泉になるだろう。ところが、外的世界の障害を顧慮して自我が欲動を満足させるのを中断してしまう場合が生じうる。すなわち、その行動が自我にとっての深刻な危険を惹き起こすであろうと自我が見抜く場合がそれにあたる。このような満足放棄、外的世界の妨害による欲動断念、われわれの表現によれば、現実原則への服従となるが、これは決して快に満ちたものではない。欲動の強度そのものをエネルギーの置き換えによって減衰させることに成功しない限り、この欲動断念は結果として持続的な不快の緊張状態を招くだろう。しかし、正当な根拠を持って言えるが、欲動断念は別の内的な理由からも強制されうる。つまり、個人の発達の過程のなかで、外的世界のもろもろの制止力の一部が内在化され、自我のなかに、自我の残余の部分に観察し批判し禁止するかたちで対抗するひとつの審級が現れてくる。われわれはこの新しい審級を超自我と名づけよう。この審級が成立してしまうと、自我は、エスによって要求された欲動満足のための行動に移る前に、外的世界の危険ばかりでなく超自我の異議申し立てをも顧慮しなければならなくなり、欲動満足を諦める契機はますます多くなってしまう。しかしながら、外的世界の理由に基づく欲動断念がただひたすら不快であるのに対して、内在的理由に基づく、超自我への服従に基づく欲動断念は別の経済論的効果を示す。この欲動断念は、避け難い不快な結果のほかに、自我に、ひとつの快の獲得を、言うならば代理満足をも招来するのである。自我は自分が高められたと感じ、まるで価値高い仕事を達成したかのように、欲動断念を誇るようになる。このような快の獲得のメカニズムは理解されるだろう。超自我は、人生の初期に個人の行動を監視していた両親(および教育者)の後継者であり代理人なのであって、両親(および教育者)の機能をほとんど変わることなく受け継いでいる。超自我は自我を持続的に支配下に置き、自我に圧力を加え続ける。自我は、ちょうど幼年時代と同じように、この主権者の愛情を得るか失うかに気を使い、主権者に認められればそれを解放と感じ満足感を味わう。主権者に非難されれば良心の呵責を感じる。自我が超自我に欲動断念という犠牲を供えるときは、自我は、その報酬として超自我にもっと深く愛されるのを期待しているわけだ。超自我の愛を受けるに値するとの意識を自我は誇らしく感じる。権威がまだ超自我として内在化されていなかった時期までは、さし迫った愛情喪失は、欲動要求の出現に直結していた。両親への愛ゆえに欲動断念がなされたとき、安心と満足の感情が起こったと言ってもよい。権威そのものが自我の一部と化したのち、このかなり快適な感情は、はじめて、独特に自己愛的な誇りという性質を帯びるようになった。

欲動断念による満足に関する以上のような解明はわれわれが研究しようとしている出来事の理解のために、すなわち、精神性における進歩に際しての自己意識の高揚を理解するために、どのような役に立つというのであろうか？　一見したところほとんど役に立たないと思われる。事情はまったく異なっているのだ。肝腎なのは決して欲動断念なのではない。欲動断念という犠牲が供えられる第二人格あるいは第二審級など存在していないのである。このように言明されると、これを聴く人はすぐに動揺してしまうであろう。偉大なる男はまさしく権威そのものであり、この権威に奉仕するために人びとは仕事を成就するのであり、この偉大なる男は父親と類似しているゆえに影響力を発揮するわけであるから、集団心理学のなかでこの偉大なる男に超自我の役割が与えられても奇異ではない、とは言える。そうであれば、これと同じことがモーセという男とユダヤ民族との関係についても当てはまるだろう。しかしながら、これ以外の点においては、正当な類似は生じようがないのである。精神性における進歩の本質は、直接的な感官知覚に反対して、いわゆる高度の知的過程、すなわち記憶、熟慮、推論過程に重きを置く態度決定に存する。たとえば、父親であることは母親であることのように感覚の証言によっては明示されないにもかかわらず、父親であることが母親であることよりも重要だと決められている事実。だからこそ子供は父親の名前を名のり、父親の後を継ぐことになっている。別の例をあげるなら、われわれの神は、暴風や魂と同じように目に見えないにもかかわらず、最も偉大で最も力強い神なのである。性的あるいは攻撃的な欲動要求が否定される場合、事情はまったく異なっていると思われる。また、精神性の多くの進歩に際しても、たとえば父権の勝利に際しても、より高きものと見なされて然るべきものにとっての尺度を与えてくれる権威は、やはり明瞭には示されていない。この場合、父親は、尺度を与える権威ではありえない。なぜなら、父親は、精神性の進歩によってはじめて権威へと高められるのだから。それゆえ、人類が発達するなかで感覚性が徐々に精神性によって圧倒されて行く現象、人間がこのような進歩のたびに誇りを感じ高められたと感じる現象が確かに目の前に存在するだけになる。けれども、なぜそうであるのか、誰にも分からないのだ。そしてさらに、後世になって、精神性そのものが信仰というまったく謎めいた情動性の現象によって圧倒されてしまう事態が生じてくる。これが有名な、不合理ゆえにわれ信ず Credo quia absurdum であって、ここまで達した者は、これを至高の仕事の成就と見なすわけである。ひょっとしたら、このような心理学的状況すべてに共通しているのは何かしら異なったものなのかもしれない。ひょっとしたら、人間というものは、単純に、より困難であることをより高きことと解するのかもしれず、人間の誇りとは、困難を克服したという意識によって亢進させられたナルシシズムに過ぎないのかもしれない。

以上の議論は確かに余り実り豊かなものではないし、このような議論は、ユダヤ民族の特質を規定してきたものは何であるかという研究に、そもそもまったく関係がないと思われるかもしれない。もしそうであるならばわれわれも楽になるだけの話だが、あとでさらに深く取り組むことになる事実を考慮するならば、われわれが抱えている問題へのある種の深い関係がやはりここに現れているのである。神の姿を造形することの禁止でもって始まったこの宗教は幾世紀もの経過のなかで段々と欲動断念の宗教へと発展して行く。この宗教が性的な禁欲を要求しているわけではない。この宗教は性的な自由にはっきりとした制限を加えるだけで十分だとしている。とは言え、神は性からは完全に遠ざけられており、倫理的な完璧さの理想へと高められている。倫理とは、しかし、欲動の制限である。そして預言者たちは、正しく節操のある生活態度、われわれのこんにちの道徳からしても悪徳と非難されるような一切の欲動満足に対する禁欲以外の何ものも神はユダヤ民族に望んではいないのだ、このことを思い出せ、と警告して倦むことがなかった。こうして見ると、神を信ずべしという要求ですら、このような倫理的要求にこもる深刻さと比較すると影が薄くなると思われてくる。それゆえ、欲動断念は、それが当初から際立っていたものではないにせよ、この宗教のなかで飛び抜けて重要な役割を演じていると思われる。

しかし、ここでは、誤って理解するのを避けるために、ひとつの異論を示しておこう。

つまり、欲動断念とそれに基礎づけられた倫理は宗教の本質的な内容ではないとも見なされうるかもしれないのだ。とは言っても、やはり、発生的にみれば、欲動断念が倫理と極めて密接に結びついていることに変わりはない。われわれが宗教の最初の形態と見なしているトーテミズムはそのシステムの不可欠の存続要因として一連の掟と禁令を伴っているが、これらが欲動断念以外の何ものをも指示していないのは明瞭である。トーテムを傷つけたり殺害したりすることの禁止を含んだトーテム崇拝の掟、群れのなかの母親たちや姉妹を激しい欲望の対象にするのを断念すべしという族外婚の掟、兄弟同盟のすべての構成員に平等の権利を認め彼らのあいだでの暴力的な競争への傾向を阻止する掟、これらはすべて欲動断念を意味しているだろう。これらの取り決めのなかにわれわれは倫理的そして社会的秩序の始まりを目撃せざるをえない。と同時に、ここで二つの異なった動機が働いていることも見逃せない。はじめの二つの掟は殺害された父親の意に添ったものであり、この二つは、言わば殺害された父親の意志を継承している。三番目の掟、つまり兄弟同盟のなかの平等の権利という掟は、しかし、父親の意志とは別ものであって、これは、父親を殺害したのちに成立した新たな秩序をがっちりと長期間にわたって維持するという必要性を考えることでのみ正当化される。そうしなければ父親殺害以前の状態への逆戻りは避けようがなかっただろう。それゆえ、ここでは、社会的な掟が、それ以外の、すなわち宗教的関連から直接に由来すると言ってよい掟から分離される。

人間という個別存在の短縮された発達においても、このような成り行きの本質的な場面は反復される。ここでも両親という権威が、実質的には力でもって罰へと脅迫する絶対的な父親の権威が、子供に欲動断念を求めてくる。この権威が子供にとって許されていることと禁じられていることとを決定する。子供のころに「手の掛からない、大人しい」とか「世話のやける」とか言われることが、両親が占めていた場にのちになって社会と超自我が現れてくると、「良い」とか「悪い」とか、きちんとしているとかだらしがないとか言われるようになるわけだが、これは実は同じことであって、父親を代理して父親の力を継続せしめる権威の圧力による欲動断念の問題なのである。

神聖という奇妙な概念を研究するならば、以上の欲動断念に関する洞察はさらに深くなる。われわれが高く評価し重要で意義深いと認める物事のなかで、際立ったかたちで本当に「神聖」と見なされるものは一体何であろうか？　一方において、神聖なものが宗教的なものと関連し合っているのは紛れもない事実であり、宗教的なものはすべて神聖である、宗教的なものこそ神聖さの核心にほかならない、とうるさいほど強調されている。他方において、宗教とはほとんど関係がない幾多の人物、制度、仕事などに神聖さの刻印を押そうとする多くの試みによって、宗教的なものこそ神聖なものとする判断は乱されてしまう。これらの試みは明白な傾向に沿ったものである。そこで、われわれは、神聖なものに大変強固に付着している禁止されたものという特性を出発点にしたいと思う。神聖なものとは、明らかに、触れられてはならぬものなのだ。神聖なる禁止は大変に強く感情的に強調されるが、しかし、もともと合理的な根拠を欠いたものである。と言うのも、たとえばの話、娘や姉妹と近親相姦することが他のいかなる性交渉よりもとんでもなくひどい重大な犯罪とされるのはなぜなのだろうか？　この根拠を問うと、必ず、われわれのあらゆる感情がそうすることに対して激しく抗うからだ、との答えが返ってくる。しかしこの答えは、禁止されるのが当然であるが、その根拠など分からぬ、と言っているに過ぎない。

このような答えの無意味さはいとも簡単に明示されるだろう。われわれのなかの最も神聖な感情とやらを害する当の事柄は古代エジプトおよび他の古代の諸民族の王族のなかでは一般的な習わしであったし、言うならば神聖なる慣習であった。ファラオがその姉妹のなかに彼の最初にして最も高貴な妻を見出したのは当然であったし、ファラオの後世の後継者であるギリシャのプトレマイオス王朝の王たちも、ためらうことなくこの範例に従ったのだが、これもまた当然だった。このような次第であるから、近親相姦は――ここでは兄と妹のあいだの――通常の死すべき人間からは剥奪されたが神々を代理する王たちには残されていた特権だったのであり、ギリシャやゲルマンの伝説世界ですらもこのような近親相姦的関係に何らの不快感をも抱いていなかった、と考えざるをえなくなってくる。そして、こんにちの貴族階級が家柄を苦心して保っているのはこの古代の特権の名残りゆえなのだと推測されてもよいであろうし、実際、最高級の社会層で幾多の世代を通じて続けられている近親婚の結果、こんにちのヨーロッパは、僅かひとつか二つの家族の成員によって支配されていることが確認される。

神々、王たち、神人たちが近親相姦を行っていたとはっきり指摘することは、近親相姦忌避を近親婚の有害性に関するおぼろげな知識のせいだとして近親相姦忌避を生物学的に説明しようとする試論を片づける一助にもなる。実際のところ、近親相姦による有害性の危険が存在すると確認されたためしは一度もないし、いわんや、未開人が有害性を知ってこれに反応したとは決して言えない。結婚に際しての許された親等、禁じられた親等の規定に揺れがある事実は、近親相姦忌避の根本的な理由として「自然な感情」なるものを想定することにも無理がある事情を物語っているだろう。

太古の時代を構築してみると、われわれの心には別の解釈が否応なく浮かんでくる。族外婚という掟は、これを消極的に表現すれば近親相姦忌避となるわけだが、父親の意志のなかにあったのであり、父親殺害ののちもこの意志は持続的に力を発揮していた。このことから、この掟が強力な情動によって支配されるその苛烈さ、これを合理的に根拠づけることの不可能性、すなわち掟の神聖性が生じてくるのだ。神聖な掟とされるもののその他のあらゆる事例を調査するならば近親相姦の場合と同じ結論に至るであろうとわれわれは信じて疑わない。その結論とは、神聖なるものとは、根源において、原父の持続的な意志以外のなにものでもない、ということである。このように考えてくると、神聖という概念を表現している言葉の、これまで理解されなかった両価性にも光があてられるようになるだろう。父親への関わり方を総じて支配しているのは両価性なのであるから。「サケル」Sacerという言葉はただ単に「神聖な」、「浄化された」という意味を持つだけでなく、「邪悪な」とか「呪わしい」などと訳さなければならないものでもある（「黄金への呪わしき欲望」auri sacra fames）。父親の意志は、しかし、触れてはならず高く掲げて敬意を払わねばならぬものであったのみならず、苦痛に満ちた欲動断念をも要求してくるがゆえに恐怖すべきものでもあった。モーセは割礼という慣習を導入することによって彼の民族を「聖化した」と耳にするとき、いまとなるとこの言明の深い意味が理解されよう。割礼は、かつて完璧な権力を所有していた原父が息子たちすべてに課した去勢の象徴的な代理なのであり、この象徴を受け容れた者は、それによって、仮に原父がその者に辛い犠牲を強いたとしても原父の意志に服従する覚悟ができているという態度を表明したのであった。

倫理の件に立ち帰るならば、われわれは最終的につぎのように言ってよかろう。倫理上の諸規定の一部分は、個人に対する共同体の権利を、社会に対する個人の権利を、個人に対する個人の権利を限定するための必要性から合理的なかたちで正当化される。しかし、われわれにとって偉大であり秘密めいており神秘的なありかたで自明と思われる倫理は、その特質を、宗教との関わりから、父親の意志に発する来歴から受けとっている。

（e） 宗教における真理の内実

われわれ信仰において貧しき者にとって、最高の本質の事実的存在を確信している探究者がいかに羨ましく思われることか！　このような大いなる精神にとって世界には何らの問題もないのだ。なぜなら、この大いなる精神そのものが自身で世界のありさまをすべて創造してしまったのだから。われわれが仕上げることのできる極限でもある、苦難に満ちた、惨めなほどにつまらない、断片的で試論的な説明に比較すると、信仰を持つ者が身につけている教義はいかに包括的で徹底的かつ究極的であることか！　おのれ自身が倫理的な完璧さの理念にほかならないこの神性を帯びた精神は、人間に、この理念に関する叡智を植えつけると同時に、各人の本質存在をこの理念に同化させせんとする衝動をも植えつけた。人間は、気高く高貴なものと低劣で俗的なものとを直覚する。物事を感受する人間の生命のありかたは、この理念からそのつどどれくらい距離をとっているかによって定められている。たとえて言うならば太陽に最も近い近日点にいるかのようにこの理念に接近するとき、人間には高貴な満足がもたらされ、太陽から最も遠い遠日点にいるかのようにこの理念から離反してしまったとき、人間はひどい不快感という罰を受ける。一切の事柄が大変単純に、そしてまったく揺るぎなく定められている。もしも何がしかの人生経験と世界観がこのような至高の本質存在を前提とする可能性をわれわれから奪ってしまっているとするならば、われわれはただただ遺憾に思う。もしも仮に世界があまり謎を持っていないとするならば、今度はわれわれと異なって信仰を持つ者はどのようにして神的存在への信仰を獲得しえたのか、そしてこの者たちの信仰はどこから「理性と科学」を圧倒し去る力を得たのか、これを理解しなければならぬという新たな課題がわれわれに突きつけられてくる。

それはともかく、ここでは、これまでわれわれが専念してきた少し控え目な問題に立ち帰ることにしよう。おそらくはこんにちに至るまでユダヤ民族の存続を可能にしてきたと思われるユダヤ民族の独特の性質は一体どこからやって来たのか、われわれはこの問題を解明しようとした。そして、モーセという男がユダヤの民にひとつの宗教を与えることによってこの独特の性質を造型したとの結論に至った。この宗教は、ユダヤの民が自分たちは他のすべての民族よりも優れていると信じ込むまでに彼らの自負の念を高揚させた。ユダヤの民は、その後、他民族に対して距離をとることで自分たちの存在を守った。混血はその際大きな障害とはならなかった。なぜなら、ユダヤの民を相互に結びつけていたのは、特定の知的並びに心情的財産の共有という理念的な要因だったからである。モーセ教がこのような現実的影響力を持ちえたのは、モーセ教が、（1）新たな神の観念の偉大さにユダヤ民族を参入せしめたからであり、（2）ユダヤ民族はこの偉大なる神に選ばれ、神の特別な寵愛を確実に享受するよう神によって定められていると明瞭に語ったからであり、（3）それ自体でも十分に重要な精神性における進歩を強力に促進し、加うるに知的な仕事を高く評価してさらなる欲動断念に至る道を開示したからである。

以上が結論である。そしてこの結論に関してわれわれは何ひとつ撤回する気がないのだけれども、しかし、ここに何かしら満足できないものがあるのを隠しておくわけにも行かない。言うならば、原因と考えられることが、われわれが説明しようとしている事実すなわち結果としっくり調和しておらず、われわれが結果を説明するために用いるすべてのものと桁違いであるように思われるのだ。われわれがこれまで進めてきたすべての研究が出来事全体の動因を発見するに至っておらず、言わばただ表層を撫でたに過ぎず、その表層の背後にはまた別の大変に重要な動因が発見されるのを待って潜んでいる、などということがありうるのだろうか？　生命と歴史に関して、ありとあらゆる原因が尋常でないほどに錯綜している場合、このような事態が生じることは承知されていて当然であったと言わねばなるまい。

この、より深い動因への接近はこの論攷のどこかでなされるかもしれない。モーセの宗教は、直接無媒介的に現実的影響力を発揮したのではなく、奇妙に間接的なかたちで力を及ぼしてきた。この間接性というのは、しかし、モーセの宗教は即座に影響力を発揮しなかったとか、完全な影響力を展開するために長い期間を、幾世紀をも必要としたといったことを意味するわけではない。一民族の性格の造型が問題となっているのだから、長い年月を要したことなど分かりきった話である。問題はそんな点にはない。影響力発揮にあたってのこの間接性という制約は、われわれがユダヤの宗教史から引きずり出してしまった事実、あるいは言ってよければ、われわれがユダヤの宗教史のなかに刻み込んでしまった事実に関わっている。すでに述べたように、ユダヤ民族はいったん受け容れたモーセ教を暫くしてからふたたび投げ棄ててしまった――完璧に棄て去ってしまったのか、宗教の掟の書のなかの幾つかは保存されたのか、これは推量すらできないけれども。カナン占領およびカナンに定住していた諸民族との闘争がなされた長い年月のうちに、ヤハウェ教はその地の諸民族のバアル崇拝と本質的には区別されなくなってしまったと考えられるが、このように考えるにあたって、われわれは、この恥ずべき事態を隠蔽偽装せんとする後年の動向に潜むあらゆる努力にもかかわらず、歴史的基盤の上に立っている。モーセ教は、しかし、痕跡も残さずに消滅してしまったわけではなく、モーセ教に関する一種の記憶は曖昧にぼかされ歪曲されたかたちではあっても保たれ続けたのであり、おそらくは祭司階級のなかの少数の者のもとで古文書のかたちで保持されてきたのであろう。そして偉大なる過去からのこの伝承は、言わば背景地から影響力を発揮し続け、次第に悪魔的精霊たちを圧倒する大きな力を獲得するに至り、ついにはヤハウェ神をモーセの神に変貌させてしまい、幾世紀も前に植え込まれてそれから見捨てられてしまったモーセの宗教にふたたび生命を与え覚醒させるに至った。

われわれが伝承の持つこのような力を明瞭に把握すべきであるならば、どのように考えざるをえないか、この点についてはこの論文の前の方の箇所ですでに述べられている。

(f) 抑圧されたものの回帰

ところで、心的生活の分析的研究がわれわれに教えてくれたもののなかには、似たような出来事がたくさん存在する。このような出来事の一部は病理学的と呼ばれ、他の出来事は正常なる多様性のなかに算入される。しかしこのような区別など取るに足らないことだ。と言うのも、病理学的なものと正常なもののあいだに明瞭な境界線が引かれているわけではないし、双方におけるメカニズムも広い視野のもとでは同じだからである。より肝腎なのは、問題となっている変化が自我そのものにふさわしく親和的に起こるのか、それとも、自我に対して異和的で自我と対決するかたちで起こり、症状と名づけられてしまうのか、という違いである。ここでは、まず、膨大な量の資料のなかから性格発展の問題をはっきりと示してくれる事例を取りあげてみたいと思う。ある若い娘は彼女の母親との決定的な対立のなかで成長してきた。母親が身につけ損なったあらゆる性格を育み、母親を思い出させる一切を忌み嫌ってきた。ここで急いで補足しておかねばならないことだが、この娘は幼いころにはすべての女の子と同じように母親との同一化を企ててきた。そしてそののちに母親に対して全精力をあげて反抗するようになったのである。しかし、この娘が結婚し自分が妻となり母親となるに至って段々と、しかし確実に、彼女が敵視していた母親とそっくりになり始め、ついには克服されたはずの母親との同一化がまごうかたなくふたたび出現してきたのを見ても、われわれは驚くべきではないだろう。同じことは男の子の場合にも起こる。あの偉大なるゲーテですら、天才を発揮していた時代には頑迷でつまらないことをくどくど言う父親をかなり蔑視していたのに、老年になると、父親の性格像に認められたのと同じ諸特徴をはっきりと示し始めた。双方の人格のあいだの対立が尖鋭化している場合には、このような結末はさらに奇怪なものになりうるだろう。下劣な父親のもとで成長しなければならない運命を背負ったひとりの青年が、前半生はこの父親に逆らうかたちで有能かつ誠実で高潔な人間へと成長していった。ところが、人生の絶頂期に彼の性格は急激に変化した。彼は、まるで自分の下劣な父親を手本にしてしまったかのように振る舞うようになってしまった。われわれが探究している主題との連関を見失わないために肝に銘じておかねばならないのは、このような人生の経過と結末のはじめに常に幼児期における父親との同一化があるという事実である。この同一化は、その後いったんは振り捨てられ、過剰に代償されることすらあるけれども、ついにはふたたび現れておのれの存在を主張する結果に至る。

以前から常識になっていることだが、生まれてから五年間の経験は人生に決定的な影響を与え、その後の経験はこれに抵抗することなどできない。この人生の初期における諸印象が成熟してからの人生期のすべての影響に抗して、いかにしておのれの存在を主張し続けるか、その主張の仕方に関しては、知っておいてもよい多くの事柄が言えるだろうけれども、ここはそれを述べる場ではない。ところで、あまり知られていないだろうと思われるのは、心的装置がまだ完全な受け容れ能力を備えていないと見なさざるをえない時期に子供を襲う印象を起因として生じる著しく強烈で強迫性を帯びた影響力に関することである。この事実自体については疑いえないのだが、これは大変に奇異な事実であるゆえ、事態の理解を容易にするために写真撮影の場合を比喩として用いるとよいかもしれない。つまり撮影されたものは任意の期間を置いたのちに現像され映像化されてよいわけである。それはともかく、空想力に恵まれた詩人が詩人にのみ許された奔放さでもってわれわれが四苦八苦してやっと発見したことを先取りしてしまっているのはよく指摘される。E・T・A・ホフマンは、彼が詩作に際して自由に用いる風物の豊かさの源泉を彼がまだ母親の胸に抱かれていた乳児であったころに体験した幾週間も続く郵便馬車の旅のあいだの形象と印象の目まぐるしい変化に求める、とよく語っていた。子供たちは、二歳のころに体験して理解しなかった事柄を、夢のなか以外では、決して思い出さないものだ。精神分析的操作によってはじめてその事柄は彼らに知られるようになるが、それは別として、この体験され理解されなかった事柄は後年になって何らかのときに強迫的衝動性を伴って彼らの人生に侵入し、彼らの行動を支配し、彼らに否も応もなく共感と反感を惹き起こし、しばしば、理性的には根拠づけられないかたちで彼らの愛情選択まで決定してしまう。これらの事実は二つの点でわれわれが探究している問題に接触してくるが、いかなる点においてであるか、これは誤認しようもあるまい。第一点は時間的な隔たりが大きいということ。[*]時間とその隔たりは、われわれがこのような幼児期体験に際して「無意識的」と形容分類する記憶の特別な状態を理解するにあたって、真に決定的な要因と見なされる。われわれは、この記憶の特別な状態において、先にわれわれが民族の心的生活のなかの伝承と呼んでいた状態との類似を見出したいと期待している。もちろん、無意識という観念を集団心理学のなかへ運び込むのは容易ではなかったけれども。

* この点についても、ひとりの詩人の言葉が示されてよかろう。この繋がりを明示するために彼は言葉を紡ぎ出す。「遠く過ぎ去りし、いまは亡きとき、汝はわが妹、わが妻であった。」(ゲーテ、ワイマール版、第四巻、九七ページ)

神経症を作り出すメカニズムは、われわれが探究している現象を解明するのにいつでも役立ってくれる。神経症形成においても決定的な出来事は早期幼年時代に起こるが、しかし、ここで強調されるべき問題は、第一点として挙げた時間的な隔たりということではなく、その出来事に直面したときに起こる事象のありさま、その出来事に対する反応のありさまである。図式的には次のように言えよう。体験の結果として欲動要求が発生しこれは満足を得ようとする。自我はこの満足獲得を拒絶するが、これは、自我が要求の大きさのあまり麻痺させられてしまうか、あるいは、自我が要求のなかに危険を察知するか、このいずれかのゆえである。この二つの理由のうち前者の方がより根源的であるが、双方ともに危険な状況の回避という帰結に至る点では同断である。自我は抑圧というプロセスによって危険からおのれを守る。欲動興奮は曲がりなりにも制止を受け、興奮の機縁となった出来事は付随する知覚や表象とともに忘却される。しかしこれでもってこのプロセスが終了するわけではない。欲動は、その強度を維持するか、ふたたび強度を取りまとめるか、新たな機縁によってふたたび目醒めるか、のいずれかのプロセスをとる。こうして欲動は改めておのれの要求を突きつけてくるのだが、この欲動にとって通常のかたちで満足へと至る道は抑圧瘢痕とも言うべきものによって閉ざされたままであるゆえ、欲動はどこかしら脆弱な箇所にいわゆる代理満足へと至る別の道を切り拓いて進むことになる。この代理満足が症状として姿を現すのだが、この症状としての代理満足の出現は自我に承認されないだけでなく、理解すらされない。症状形成にまつわるすべての現象は十分な正当性をもって「抑圧されたものの回帰」と記述されうる。しかしながら症状形成の際立った特徴は、それが大幅に歪曲されている点にある。この歪曲は、根源的なものが回帰してくる際に受けたものである。これら一群の事実を論じることによって、われわれは伝承との類似という論点から余りにも遠く離れてしまったのではないか、と思われるかもしれない。しかし、この論によってわれわれが欲動断念の問題の近くまできたのだとするならば、後悔する必要もないだろう。

(g) 歴史的真理

本論を離れて記された以上のすべての心理学的余論は、モーセ教はそのユダヤ民族への影響力を伝承というかたちを取ってはじめて発揮し尽くしたとの事実をわれわれ自身に一層深く信じさせるためのものであった。けれども、ある程度は真実らしいこと以上のものは示しえなかったと考えるのが妥当であろう。もし仮にわれわれが完璧な証明に至ったと考えてみても、しかしながらやはり、われわれはただ単に要請された懸案の質的な要因を満たしたに過ぎず、量的な要因を満たすに至っていない、との印象は残るだろう。ある宗教の成立に関する事柄には、もちろんユダヤ教の成立に関しても同じなのだが、一切の出来事に何かしら偉大なるものがつきまとっているのであり、この偉大なるものは、これまでのわれわれの説明では手に負えない。ここには何かしら別の要因がなお関与しているに相違あるまい。この要因と似たものはほとんどなく、同じものなどまったくない。この要因は何かしら比類なきものであり、この要因から生成してきたもの、すなわち宗教それ自体にひとしい桁違いのものなのである。

いま問われている事態に反対側から接近してみよう。未開人が、世界の創造主として、一族の主として、個人的な守護者として、神を必要とするのをわれわれは了解する。この神は、伝承がなお何ほどかのことを語り伝えてくれる死んだ父祖たちのさらに背後に立っている。のちの世の人間も、われわれの時代においても同様だが、同じような態度をとる。人間はいつも子供なのであり成人になってもなお守護者を必要とするものなのだ。人間は彼の神という拠り所なしでは生きて行けないと思っている。ここまでは議論の余地がないだろう。しかし理解に苦しまざるをえなくなるのは、一体なぜ唯一の神しかこの世に存在してはならないのか、一体なぜ多くの神々を従えた主神教から一神教への進歩がかくも圧倒的な意義を獲得するのか、との問いを発するときである。すでに詳しく述べてきたように、信者は確かに彼の神の偉大さを分け持つのであり、神が偉大であればあるほど神が与える庇護はますます信頼するに足るものとなる。しかし、ある神が持つ力は、その神が唯一の存在であることを必要条件としているわけではないだろう。多くの民族は彼らの主神がこれに従属している神々を支配しているならば、彼らの主神を惜しみなく讃美したのであり、他の神々が主神の支配圏外に存在していても主神の偉大さが減じたなどとは考えもしなかった。さらに、言い方を換えるならば、この神が普遍的存在になってすべての国家すべての民族に配慮するようになるならば、神への親密な繋がりを犠牲にすることにもなったろう。神は言わば異邦人と一緒に分け持たれ、この共有に伴う親密さの喪失は、自分も神から優遇されているとの条件をつけることによって相殺されるしかなかった。唯一神の観念はとりもなおさず精神性における進歩を意味するとも言えようが、この点を特別に重視することはできないだろう。

一神教への進歩とともに得るものと失うものを考えると、この進歩の動機のなかには以上に述べられたような明白な矛盾が存在するのだが、敬虔な信者はこの裂隙を十分に埋め尽くすすべを知っている。彼らは言う、唯一神の理念はそれが永遠の真理の一片であるがゆえにかくも圧倒的な力でもって人間たちに働きかけてくるのだ、この永遠の真理こそが長いあいだ隠されていてついに現れ出でたのであり、それゆえすべての人びとの心を奪わずにはいなかったのだ、と。このような論拠が究極においていま問われている事態の偉大さおよび帰結の偉大さにふさわしいとわれわれは認めざるをえない。

われわれもまたこのような解決法を受け容れたいと思う。ところがここに危惧すべきことがある。つまり、この敬虔な論拠が楽天主義的・理想主義的前提に基づいているということである。通常の場合、人間の知性が真理に関して特別に鋭敏な嗅覚を持っており人間の心的生活が真理を認知する特別な性向を示しているとの事実は、確認された試しがない。経験が教えてくれたのはむしろ逆の事実で、ありとあらゆる警告がないと知性は実にたやすく誤謬に走るのであり、真理など見向きもされず、願望に基づいた幻想と折り合いがつけられる事柄が容易に信じこまれてしまう。それゆえ、われわれは、敬虔な信者たちに同意するにあたって、ひとつの制限を加えずにはいられない。われわれもまた敬虔な信者たちの解答が真理を内包していると信じるが、しかし、それは、物質的真理ではなく歴史的真理なのである。しかもわれわれはこの歴史的真理が回帰してくるに際して被った一種の歪曲を訂正する権利を持っている。すなわち、われわれはこんにち唯一の偉大なる神が存在するとは信じないが、太古の昔にひとりの比類のない人物が存在し、この人物はそのころ巨大な存在と思われたに相違なく、そして神的存在にまで高められ人びとの思い出のなかに回帰してきたのだ、とは信じる。

モーセ教はまずもって排除され、半ば忘却され、それから伝承のかたちをとってついに姿を現すに至ったとわれわれは考えた。いまでは、この出来事は当時において二度目のこととして反復されて起こったと考えられる。モーセがユダヤ民族に唯一神の理念をもたらしたとき、この理念は実は決して新しいものではなかった。この理念は、人類家族の太古の昔に生じたひとつの体験、人類の意識された記憶からはずっと昔に消え去ってしまったひとつの体験の復活を指し示していたのだ。意識された記憶から消え去りはしたけれども、しかし、この体験は余りにも重大なものであり、人類の生活のなかに余りにも深く刻み込まれた変化を惹き起こしたか、あるいは、余りにも深く刻み込まれた変化への道を切り拓いたため、この体験は伝承にも比肩すべき何らかの永続的な痕跡を人類の心に残したのだと信じざるをえない。

個々人の精神分析から経験的に知られることだが、まだ話すこともほとんどできない子供のころに受けたごく早期の印象は、意識的に想起されないままに、いつかあるときになって強迫的性格を帯びた影響力を発揮するようになる。これとまったく同じことを全人類のごく早期の体験において想定してもよいだろう、とわれわれは考えている。このような影響力のひとつの実現こそ唯一の偉大なる神という理念の登場であったろうと思われるのだが、この影響力の所産は、確かに歪曲はされているもののまったく正当な記憶と見なされなければなるまい。このような理念は強迫的性格を帯びているゆえ否応なく信仰されざるをえない。歪曲されている点を重視するならばこの理念は妄想と記されてもよいだろうが、この理念が過ぎ去ったものの回帰を示す限りにおいて、この理念は真理と呼ばれなければなるまい。精神医学が妄想と名づける事態も一片の真理を内に含み持っているのであって、患者の確信はこの一片の真理から拡散していって妄想的なヴェールをまとうことになる。

ここからの文章は、最後に至るまで、第一部で詳細に述べたことに若干の変更を加えた再論である。

一九一二年、私は『トーテムとタブー』において、右に述べたような影響力の発現の場となった太古の状況を再構築しようとした。そのとき私はCh・ダーウィン、アトキンソン、そして特別に重要なものとしてW・ロバートソン・スミスの幾つかの理論的思索を用い、これらを精神分析に由来する発見および示唆と結びつけてみた。ダーウィンからは、人類が原初、小さな群れをつくって生活していて、その群れのそれぞれが比較的年齢の高い男の暴力的支配下にあり、この男はすべての女を独占し、若い男たちを彼の息子たちも含めて制圧して懲罰を加え、あるいは殺害して排除してしまった、との仮説を借用した。アトキンソンからは、以上のような記述に続くかたちで、この家父長制度が、父親に抗して団結し父親を圧倒しこれを殺害して皆で喰い尽くしてしまった息子たちの謀叛によって終焉に至った、との仮説を借用した。そしてさらに私は、ロバートソン・スミスのトーテム理論に従って、父親殺害ののち、父親のものであった群れがトーテミズム的兄弟同盟のものになったと考えた。勝ち誇った兄弟たちは、実のところ女たちが欲しくて父親を打ち殺したのではあるが、互いに平和に生活するために女たちに手を出すのを断念し、族外婚の掟を自分たちに課した。父親の権力は打ち砕かれ、家族は母権にそって組織化された。しかし父親に対する息子たちの両価的な感情の構えはその後のさらなる発展の全経過に力を及ぼし続けた。父親の代わりに特定の動物がトーテムとして据え置かれたのである。この動物は父祖であり守護霊であるとされ、傷つけたり殺したりしてはならぬものとされたが、しかし年に一度、男たちの共同体の全員が饗宴を開くために集まり、普段は崇拝されていたトーテム動物は饗宴のなかでズタズタに引き裂かれ男たち全員によって喰い尽くされた。この饗宴への参加を拒むことは誰であっても許されなかった。これは父親殺害の厳粛な反復だったのであり、この反復とともに社会秩序も道徳律も宗教も生まれたのである。ロバートソン・スミスの言うトーテム饗宴とキリスト教における聖体拝受との符合に関しては私より前の多くの研究者が注目してきた。

私はこんにちでもなお、この構成を大切に保持している。近年の民族学者たちがロバートソン・スミスの立論を一致して排除し、これとは別のまったく相反する内容を含む理論を提示したのちになっても私がこの本の新版のなかで私の考えを変えなかったことから、私は繰り返し激しく非難されてきた。私はこれらの進歩とやらをよく知っていると答えざるをえない。けれども私はこれらの新説の正しさを信じるに至ったわけでもないし、ロバートソン・スミスの誤りを信じるに至ったわけでもない。反論は決して反証ではないし、新説すなわち進歩というわけでもない。しかも何よりも先に言うべきことだが、私は民族学者ではなく精神分析家なのである。私は、民族学の文献のなかから分析的な仕事のために用いうるものを選び取る正当な権利をもっていた。独創的なロバートソン・スミスの仕事は、私に、分析における心理学的素材との価値ある接触を示してくれ、心理学的素材を利用するにあたっての関連のつけ方を示してくれた。ロバートソン・スミスに反論する人たちに私は一度も共感できなかった。

(h) 歴史的な発展

私はここでこれ以上詳しく『トーテムとタブー』の内容を反復して論じるわけには行かないが、これまで考察されてきた太古時代と歴史時代に入ってからの一神教の勝利とのあいだに存在する長い時間的間隔を充塡することだけはやっておかなければなるまい。兄弟同盟、母権、族外婚、およびトーテミズムによるアンサンブルが整えられ編曲されたのち、ゆっくりとした「抑圧されたものの回帰」とも記すべき展開部が始まった。この場合われわれは「抑圧されたもの」という術語を本来的でない意味で使用する。問題となっているのは民族生活のなかで過ぎ去ってしまったもの、忘却されたもの、克服されたものなのだが、われわれはこれを個々人の心的生活における抑圧されたものと敢えて同列に置く。この過ぎ去ったものが、その暗黒時代のなかでいかなる心理学的形態をとって存在し続けていたのか、われわれはいまのところ言い表すすべを知らない。個人心理学の概念を集団の心理学に転移することが容易になったわけではないし、「集合的」無意識なる概念を導入したとしても何か得るところがあるとは思われない。実際のところ無意識の内容はそもそもが集合的なのであり、人類の普遍的な共有財産なのである。それゆえわれわれは類推の論理を用いることで当座の間に合わせにする。ここで民族生活において研究対象としている出来事は、精神病理学によって知られるようになった事柄と大変よく似ているのだが、しかし、まったく同じというわけではない。ここに至って、われわれは、太古の時代の心的沈澱物はそのつどの新しい世代においてただ覚醒させられるだけでよく、新たに獲得される必要がない遺伝的財産になったとの考えを採ることを断固として言明する。このように言明するに際して、確かに「誕生と同時に一緒に生まれ出た」としか言いようがない象徴性の例が思い出される。この象徴性は、言語発達の時期に現れてくるものであるが、すべての子供たちにとって教えられるまでもなく自明なこととして親しまれており、しかも、言語の違いにもかかわらずあらゆる民族に共通している。なお確実性に欠ける事柄があるならば、われわれは精神分析的研究に基づく別の成果から確実な事柄を獲得する。われわれの子供たちが幾つかの重要な関係のなかで、子供たち自身の体験にふさわしくは反応せず、動物と比較してもよいほどに、系統発生的に獲得されたものによってしか説明できないほどに、本能的に反応する事実は経験的に知られている。

抑圧されたものの回帰は、確かに、自然発生的にではなく、人類の文化史を満たしている生活条件のあらゆる変化の影響を受けつつ、ゆっくりと起こる。私はここでこれらの相互関係にひとつの展望を与えることはできないし、この回帰の諸段階をくまなく列挙することもできない。父親はふたたび家族の長となっているが、原始の群れの父親のような無制限の権力はずっと昔に失われてしまっている。トーテム動物は神に道を譲るが、その移り変わりの過程はなお大変明瞭に見てとれる。はじめのころの段階では人間の体幹を持った神がまだ動物の頭部を持っているが、のちになると神がこの特定の動物に変身することが多くなり、それから、この動物は神にとって聖なる存在となり神の寵愛を受ける従者となるか、あるいは、神がこの動物を殺害しそのあとでこの動物にちなんだ異名を帯びるか、いずれかである。トーテム動物と神のあいだには半神が現れるが、これはたいていの場合、神格化の前段階を示す。至高の神性という理念は早期に現れると思われるが、さしあたってはまだ影のようにぼんやりしたものであって、人類の日々の関心のなかには入ってこない。種族および民族がより大きな単位へと統合されて行くと、神々もまた家族を構成するようになり、位階をつくり出してくる。神々のなかの一者がしばしば神々と人間たちを超越した主へと高められる。それからひとつの神だけに敬意を払う段階への歩みがためらいがちになされ、ついには、唯一神に全能を委ね、いかなる他の神々も並び立つことを許さぬという断固たる決定が下される。事ここに至ってはじめて原始の群れの父親の栄光が復活したことになり、原父に対するにふさわしい激しい感情も反復されて現れうるようになった。

かくも久しく失われ待ち望まれていたものとの出会いから発する最初の影響力はまさしく圧倒的であって、そのさまはシナイ山における立法にまつわる伝承が描いている通りであったろう。驚嘆の念、畏怖の念、恩寵を目のあたりにしたことへの感謝の念――モーセ教は父なる神に対するこの積極的な感情以外のいかなる感情とも無縁である。父なる神が抵抗しがたい存在であるとの確信、父なる神の意志への服従、これらの念は、群れの父親によって威圧されよるべなくなった息子の気持ちそのままであったとは言えないかもしれない。もっと強烈なものだったろう。父なる神に対したときの気持ちは、未熟な乳幼児の環境を思い描くことによってはじめて十分に理解されるようになるだろう。乳幼児の感情の動きは、成人の場合とはまったく別次元の強度と汲み尽くすことのできない深度を持つのであり、ただ宗教的エクスタシーのみがふたたびこの感情の動きをもたらしうる。それゆえ、偉大なる父親の回帰に直面して真っ先に起こった反応は、神への服従から生じる陶酔なのだ。

この出会いとともに、この父の宗教が向かうべき方向は、あらゆる時代を通じて変化することがないかたちで確定されたのだが、しかし、これでもって父の宗教の発展が終了完結したわけではなかった。父親への関与の仕方の本質は両価性なのである。感嘆と畏怖のまとであった父親の殺害へとかつて息子たちを駆り立てた敵愾心が時がたつにつれて動き出すのは起こりうることであった。モーセ教の枠のなかでは殺意のこもった父親憎悪が直接的に顕在化する余地はなかった。おもてに現れたのはこの憎悪に付する強烈な反応だけであった。このような敵愾心ゆえに生じる罪の意識、神に対して罪を犯してしまったのに罪を犯すのをやめることができない、という良心のやましさがおもてに現れたのである。この罪の意識は、預言者たちによって間断なく覚醒させられ続け、間もなくこの宗教体系を統合する内容のひとつになっていったが、また、その本当の由来を巧みに偽装してくれるもうひとつ別の表面的な動機づけと結びつけられた。民族をめぐる状況は良くなかった。神の恩寵によるとされた希望は何も満たされる気配がなかった。自分たちは神の選民であるという何よりも好ましい幻想を抱き続けるのは容易ではなかった。この幸福を断念する気がなかったとするならば、そのとき、自身の罪深さを認めることで生じるこの罪の感情は、神による罪の免除という喜ばしい事態へと結びついて行くしかなかった。神の掟を守らなかったために神から罰せられること、これが人びとが受ける最善の帰結になったのだ。そして、飽くことを知らない、途方もなく深い源泉からやってくるこの罪の感情を満足させる必要から、この掟はますます厳しくますます苦しくますます小うるさいものになって行かざるをえなかった。道徳的禁欲がもたらす新たな陶酔のなかで、人びとは、新たな欲動断念をつぎつぎとおのれに課して行き、結果として、少なくとも教義と掟においては、他の古代民族が近寄れないほどの倫理的な高みにまで到達した。この倫理的高みへの発展のなかに、多くのユダヤ人は彼らの宗教の第二の大切な特性と第二の偉大な業績を見出している。この第二の大切な特性と偉大な業績が唯一神の理念という第一の特性とどのように関連し合っているか、これはこの論攷から浮かび上がってくるはずである。それはともかくとして、この倫理は、神に対する抑圧された敵愾心ゆえの罪の意識を根源としているのは否認できまい。この倫理は強迫神経症的な反動形成に特有の、完結したためしがない、そして完結しえない性質を帯びているからである。また、この倫理が罰を受けたいという秘められた意図に奉仕しているのも察知されるだろう。

　これから先の展開はユダヤ教固有のものを越えて進む。原父の悲劇から回帰してきたその他の事柄は、もはやいかなる仕方においてもモーセ教とだけ結びつくものではなくなっていた。この罪の意識は、すでに久しい昔から、もはやユダヤ民族にのみ限定されたものではなくなっていた。この罪の意識は、その理由が誰にも分からない重苦しい不快感となり破滅の予感となって、あらゆる地中海沿岸の民族の心を襲い占領してしまった。こんにちの歴史叙述は古代文化の老化について語っているが、これは当時の諸民族を支配した不機嫌な気分の偶発的要因と補助的要因だけを把握しているに過ぎない、と私は思う。この重苦しい暗い状況の由来の解明はユダヤ教固有のものに基づいていた。至るところでこの由来の解明への接近と心構えが示されたのだが、この事態への洞察がはじめて顕現してきた精神の持ち主は、やはりひとりのユダヤ人の男であった。すなわちタルスス出身のサウロ、ローマ市民としてパウロと名のっていた男であった。われわれは父なる神を殺害してしまったがゆえにかくも不幸なのだ、という洞察。そして、パウロという男が、この真理の一片を、罪を贖うべくわれわれのなかのひとりの男がその命を犠牲として供したゆえわれわれはあらゆる罪から救済された、という妄想めいた福音という偽装されたかたちでしか理解できなかったのは大変よくわかる話だ。パウロの定言においては、もちろん、神の殺害ということは触れられていなかったけれども、犠牲死によって贖わなければならなかった犯罪とは殺人以外にはありえなかったであろう。そして福音という妄想と歴史的な真理との結びつきを確実にしたのが、犠牲となったのは神の息子であったという言明であった。歴史的真理という源泉から妄想のなかに流れ込んできた力でもって、この新たな信仰はあらゆる妨害を圧倒してしまった。いまや解放を約束する救済の信仰が、至福をもたらす選民意識に取って代わった。しかし、父親殺害の事実は、人類の記憶のなかに回帰してくるにあたって、一神教の内実を決定づけたものとは別の、より大きな諸々の抵抗を克服しなければならなかった。この事実は、さらに強烈な歪曲を受けなければならなかった。この名づけえない犯罪は、もともとは影のように空虚なものであった原罪という名の受容によって埋め合わせされることとなった。

　原罪および犠牲死による救済はパウロによって基礎づけられた新しい宗教の支柱となった。原父に対して謀叛を起こした兄弟たちの群れのなかに実際に殺人行為の首謀者ないし煽動者がいたのかどうか、あるいは、この人物像は独特の人物を英雄化するために詩人の空想によって後年になって創造され伝承のなかに組み込まれたのかどうか、これは未決定のままにしておくしかない。ともかく、キリスト教がユダヤ教の枠を突破したのち、キリスト教は他の多くの源泉から材料を取り込み、純粋な一神教の多くの特徴を放棄し、多くの細部にわたって残存していた地中海沿岸民族の儀式と折り合いをつけることになった。その有様は、あたかもエジプトが改めてイクナートンの後継者に復讐しているかのようであった。ここで注目しなければならないのは、この新しい宗教がどのようにして父親への関わり方における太古以来の両価性と対決し話をつけたのかという消息である。この新しい宗教の主たる内容は、確かに、父なる神との和解、神に対して行われた犯罪の贖罪ではあったが、この感情の動き方の別の面は、罪の償いをおのれの身に引き受けた息子が父親と並んでみずから神となり、厳密に言えば父親の場に立ってしまった事実に現れていた。父の宗教から発して、キリスト教は、息子の宗教となってしまったのだ。父親を除去しなければならぬという運命からは免れようもなかったわけである。

この新しい教えを受け容れたのはユダヤ民族のなかのほんの一部の人びとだけである。受け容れを拒否した者はこんにちなおユダヤ人と言われている。こんにちのユダヤ人たちは、この区別によって、以前にも増してますます明瞭に他の人びとから分離されている。こんにちのユダヤ人たちは、ユダヤ人のほかにエジプト人、ギリシャ人、シリア人、ローマ人、そして最終的にはゲルマン人をも受容するに至ったこの新しい宗教共同体から、お前たちは神を殺してしまったのだ、という非難を聴かねばならなくなった。わかりやすく言えば、この非難はつぎのようになるだろう。お前たちは、お前たちが神を殺してしまったことを認めようとしないが、われわれはそれを認め、この罪を浄化されているのだ、と。この非難の背後にいかに多くの真理が潜んでいるか、これは容易に洞察されよう。神を殺したとの告白は、ありとあらゆる歪曲が加えられているにもせよ、進歩を秘めているのだが、この進歩を共にすることがユダヤ人にはどうして不可能であったのか、これは特殊な研究の対象になるだろう。この進歩を共にすることが不可能だったがゆえに、ユダヤ人は言わば悲劇的な罪業を背負う結果になった。このためにユダヤ人はひどい罰を受けることになった。

われわれの研究は、ユダヤ民族はどのようにして民族を特徴づけている属性を獲得するに至ったのか、という問いに幾らかの光を投げかけたかもしれない。どのようにして彼らがこんにちに至るまで個別的存在として存続しえたのか、という問題はあまり明らかにされなかった。しかしながら、このような謎に対する完璧な解答など、当然ながら、求められるべきではないし、期待されるべきでもないだろう。冒頭で述べられた限定に則して判断されるべき学問上の一寄与こそ、私が提供できるすべてなのである。

解題　歴史に向かい合うフロイト——モーセ論はなにゆえに(不)可能であったか

渡辺哲夫

フロイトのモーセ論を解読し始めるにあたって、無視できぬ深い指摘を残しているのはルートヴィヒ・ビンスワンガーだろう。モーセの名こそ挙げられていないが、このスイスの碩学の言葉は実に鋭く問題の中枢を打っている。

さてわれわれがいまこの象徴〔学問的認識の限界において必ず出現する白紙(タブラ・ラーサ)の意、渡辺注〕を現実として、つまり人類の歴史の実際の始まりとして措定するとき、われわれは、自然と歴史と神話との歴史的関係に関する非常に示唆にとんだ科学的逆転劇を体験します。われわれが普通、人類史の最古期に神話を見出し、祭祀と神話の伝承と伝記から脱皮して歴史が出てくるのを見てとり、のちにこの歴史のなかで初めて自然に関する学問がつくられるのを見るのに対して、いまや自然科学は方向を逆転して、初めに自然科学的構築の産物たる自然人 homo natura（ホモ・ナトゥーラ）の観念を措定し、ついでこの自然人の「自然の発達」から歴史を考え、さらにさきの自然と歴史とから、神話と宗教を「説明」しようとするのです。ここでいま初めてわれわれは、自然人の理念を、そのまったき意味において見てとることができます。つまりこの理念は、人間を、衝動と幻想のなかに嵌込めてしまいます。つまりこれは衝動と幻想の力の緊張から、芸術と神話と宗教とを発生させようとするのです。

（荻野恒一訳、一部変更、傍点・渡辺）(1)

これはフロイトの八〇歳の誕生日になされた祝賀講演のなかの一部である。その年の内に『人間学の光に照らしてみたフロイトの人間理解』と題されて専門誌上に文章化されたが、全篇を支配するビンスワンガーのフロイトに対する尊敬と信頼にもかかわらず、この箇所だけが鋭利な刃物のごとく、師の言わば非常識な逆立ちを突いている。歴史の根柢にあるのは、自然人（原始人、新生児）でもエスでもなく、神話を素朴実直に信じつつ生活していた「実存のひと」homo existencialis だ、この歴史哲学的深浅を逆転してはならぬ、とビンスワンガーはこの論文のなかで言っている。

体調不良のため講演会に出席できなかったフロイトは約五カ月後、ビンスワンガーに礼状を書き送っている。「あなたの講演は私には嬉しい驚きでした。それを聞き、私に知らせてくれた人びとは明らかになにも感じていませんでした。彼らにはやはりそれはむつかしすぎたにちがいありません」（生松敬三訳）(2)との書き出しである。彼が、身近を取り巻くフロイディアンよりもビンスワンガーを高く評価していることは明白だろう。書状の続きは「科学的逆転劇」をさらに徹底させる決意の表明であり、「われわれの話はすれ違いに終るでしょう」との文章も見られるのだが、肯定的驚きと否定的決意とが圧縮されているこの短い書状は、八〇歳のフロイトがすでに約二年前からモーセ論に取り憑かれていた経緯を思うならば、看過できぬ資料となりうる。つまり、この時点において、フロイトの思惟は、「自然(人)」と「歴史」、「伝承」と「神話」、「エス」と「宗教」といったビンスワンガーの論旨のキーワードで充満していたからである。そして一応の擱筆に至った『モーセと一神教』をよくよく読むならば、老学者の苦悩の深さが「科学的逆転劇」の徹底は可能であるか、不可能であるか、というエス論者フロイトの自問自答と結びついている事情が否応なく見えてくる。

ビンスワンガーが精神分析の創始者の運命を予知していたなどとは言うまい。ビンスワンガーの炯眼と老エス論者の真理愛がたまたま共鳴したと考えるべきであろう。問題の巨大さと途方もない深さに没入していったのが、哲学的批判を加えた人ではなく、老いたエス論者そのひとだった事実は重い。思索にとって肝要なのは批判や解答の正しさではなく、思索が掘り出してしまった問題の大きさであり、発見してしまった謎の質なのである。

1　エスの勢い

フロイトがエスという概念をおのれの学問に導入すると言明したのは、一九二三年に刊行された『自我とエス』においてである。だが、精神分析の発展の様相をトータルとして眺望するならば、フロイトの人間観はすでに一九世紀末に定まっていたことが理解される。すなわち彼は、人間の核心部を、無意識的な生命の奔流と直覚していた。彼の論は、いつでも、何を主題にしていようとも、特異な流体力学の如き性質を帯びている。この直覚および論の性質が数十年ののちエスという言葉を見出した、エスに遭遇した、エスに結実したと見なすならば、フロイトの思惟の一貫性と徹底性は無理なく納得されるだろう。

この意味で私は、人間精神を非・特殊人間的かつ無意識的な生命の奔流そのものと見なすフロイトを、エス論者と呼ぶ。そして、一九二三年ころから、このエス論は一気に純度を高め始め、論の力と勢いを増強させ始めたと理解する。

だが、事態は奇妙な様相を帯びてくる。エスの概念が純度を高め、その論理的な力が増強するならば心的装置の論はシンプルかつ明快になってもよさそうなものだが、実際には、ひどく複雑になってくるのである。この経緯を解明するのは容易ではない。少なくとも、「意識・前意識・無意識」という従来の質的な区別に「自我・エス・超自我」という局所論的かつ発生論的な区別がくい込んできたこと自体は、事態の錯綜の理由としては、たいしたことではない。この場合、発生論は、心的装置内の力動を明らかにすること以上の責務を負わされていないからである。

エスをめぐる論の錯綜がほんとうに深刻になるのは、フロイトが、エスそのものの歴史性を語り始めたためである。

精神分析が元来、病める精神の来歴の分析から、個々の人間の生活史の解釈から出発した学であることを思うならば、フロイトがすべての事態について歴史性を問うのは必然的と言ってよいだろう。過去と現在を心的因果律で結びつけることがフロイトの本能だったと言っても極論ではあるまい。彼は独特の意味で徹底した歴史家であった。独特の、とは、非・人格的、非・特殊人間的な生命論の眼差しを好んだという意である。それゆえ『トーテムとタブー』(一九一三年)のような面白い作品も書くことができた。《原父を殺害したのは種としての人間だ》との論理がきわどい均衡を保ちつつ成り立ちえた。

本文を読めば明らかなように、『トーテムとタブー』とモーセ論は緊密に結びつけられている。それゆえ前者における奇妙な論理的均衡はそのまま後者へと流れ込んできている。いや、もっと厳密に言えば、この二五年間のうちに歴史家フロイトがエス論者としての態度を著しく明瞭にしたことによって、この奇妙な論理的均衡はほとんど破綻の危機に瀕するに至っている。エス論から生じる歴史意識の特異さを知る一助となる文章を示そう。

ところで、あらゆる有機的な欲動は保守的で、歴史的に獲得されたものであり、退行、つまり以前の状態の復活に向いているものとすれば、われわれは有機体の発展の成果を、その欲動の実現を外部から妨害し、偏向させる影響のせいにしなければならない。原始的生物は、そもそもの発端から変化することを欲しなかったであろうし、常に変ることのない事情のもとで、たえず同一の生活経路しか反復しなかったことであろう。究極のところ有機体の発展に刻印をきざみつけたものは、われわれの地球と、その太陽に対する関係の発展史にほかなるまい。保守的な有機的欲動は、この押し付けられた生活経路の変化をことごとく受け容れ、反復のために保存しているのである。そのため、実はただ、ふるい目標を新旧の二つながらの方法で追っているのに、何か変化と進歩を求める力があるかのような誤った印象を作り出しているのに違いない。この、あらゆる有機体の努力の究極目標もまた、明らかにすることができよう。もし、生命の目標がいまだかつて到達されたことのない状態であるならば、それは衝動の保守的な性質に矛盾するであろうから、むしろそれは、生物が、かつて棄て去った状態であり、しかも発展のあらゆる迂路を経てそれに復帰しようと努めるふるい出発点の状態であるに相違ない。もし例外なしの経験として、あらゆる生物は内的な理由から死んで無機物に還るという仮定がゆるされるなら、われわれはただ、あらゆる生命の目標は死であるとしか言えない。

また、ひるがえってみれば、無生物は生物以前に存在したとしか言えないのである。

（『快感原則の彼岸』井村恒郎訳、一部変更）(3)

この文章は一九二〇年に発表された。それゆえエスという言葉はまだ使われていない。「有機的欲動」が局所論的限定を受けてエスと称されるに至ったと考えて大過はない。エスは、エロスと死の欲動（「新旧二つながらの方法」）の闘争の場である。もっとも、この最終的な勝利が常に死の欲動の手中にあることは言うまでもない。

いまは、右の文章を細かく解読するときではない。エス論者フロイトがいかに広大かつペシミスティックな歴史意識のもとで思索していたかが伝われば十分である。彼にとって、歴史的に思惟すること、すなわち過去想起は、「無機物」への「退行」を実践する生命の流れに近づいて行く。このような歴史意識は質的にまともであろうか？

過去想起と生命論が単一の歴史意識においてともどもに徹底させられるといかに危機的な帰結に至るか、特殊人間的思惟を非・特殊人間的な有機体の奔流に投げ込むといかなる無理が生じるか、フロイト自身も当然これに気づいていた。それゆえに『自我とエス』のなかには、「死の欲動」の毒性を弱めようとするかのような文章が認められるのだろう。いわく、「遺伝性のエスは、そのなかに数え切れぬほど多くの自我存在の残余を隠しており……」、いわく、「自我は、まだわれわれによく分かっていない方法により、エスのなかに貯えられている過去の経験を汲み取る」。また、「死の欲動」の支配下にあるエスは「攪乱者エロスを鎮めようとする」のだが、そうは言っても、エロスの役割を過小評価すると危険かもしれない、との感想も述べられている。

エスに歴史的持続性を与えよう、エスほどではないにもせよ、自我にも一応の継時性を与えよう、想起する働きを自我に委ねてみよう、エスに少しでもよいから生命の息吹を与えよう、というニュアンスが『自我とエス』にはある。さらにオプティミスティックな文章もある。

生物の法則と人間種属の運命がエスのうちに創り、伝えたものは、自我の理想形成によってうけつがれ、自我において個人的に体験される。自我理想は、その形成の歴史によって、個人のなかの系統発生的獲得物、古代の遺産ときわめてゆたかに結合している。個人の精神生活において、その最深の層に属していたものは、理想形成によって、われわれの価値概念からみて人間精神の最高のものになる。（『自我とエス』井村恒郎訳[4]）

三年前の『快感原則の彼岸』で荒々しく展開された生命論（実は「死の欲動論」）への極端な傾きからの揺り戻しが起こっている。歴史家フロイトが少し息を吹き返している。この文章では自我理想イコール超自我と解してよく、超自我は「エスの代理人として自我に対立する」のであるから、フロイトがエス論者であることに変わりはないけれども、死の欲動とエロスの闘争の舞台であるエスがかなり明るくなってきた、舞台の細部がぼんやりとだが見えるようになってきた、物語（ストーリー）が少し間合いを持つようになってきた、と比喩的に言ってもよいだろう。実際この文章は『モーセと一神教』のなかに入れても、すんなりと溶け込む。

　また、この文章までくると、冒頭に示したビンスワンガーによる批判との対立点も明瞭となる。宗教・神話・芸術を、超自我の、要するにエスの「形成の歴史」の所産と見なすフロイトにとって、「系統発生的獲得物、古代の遺産」は、歴史の根柢にあるのではなく、自然人（ホモ・ナトゥーラ）の特権的所有物たる心的装置の産物、超自我を媒介として前進し続けるエスからの派生物に過ぎない。「最深の層」たるエスから生じる「人間精神の最高のもの」は、実のところ、人間精神の最表層の薄い皮膜の如きものに過ぎない、「古代の遺産」とて例外ではない。これがエス論の必然的帰結であり「科学的逆転劇」の実演である。

「自我とエスとの区別をわれわれは、原始人だけでなく、もっと多くの単純な生物にも認めねばならない」（『自我とエス』）と明言するエス論者にとって、「古代の遺産」などごく最近の産物に過ぎぬだろう。系統発生の流れは胚細胞まで溯及可能なのだから。

　こうして『快感原則の彼岸』で「死の欲動」の永劫回帰の観を呈し消滅の危機に瀕した

エス論者の歴史意識は、「自然と歴史と神話との歴史的関係」（ビンスワンガー）を、まったく倒立させたかたちであるにもせよ、語りうる深度あるいはパースペクティヴを取り戻す。それだけではない。『自我とエス』に始まったエロスと超自我の働きによる《エス蘇生術》は、さらに進められる。つまり一九三三年になるとエスは「混沌、沸き立つ興奮に充ちた釜、エスのなかへ沈められてしまった諸印象は潜在的には不死」（『精神分析入門・続』懸田克躬・高橋義孝訳[5]）と表現されるようになる。またモーセ論本文にも「エスはより古いものであり、自我は、エスという樹木が外的世界の影響力を受けた結果発達してくる樹皮のようなもの」（163ページ、傍点・渡辺）と書かれている。一〇年余にわたって、さまざまの言い回しで、エスを死の欲動の呪縛から解放しよう、エスに生命の息吹を与えようとする試みが繰り返されるわけだが、これはただ単にエスの質の変更だけを意図するものではない。エスの質のこの変更の試みは、実は同時に、フロイトという特異な歴史家のエス論に対する反撃でもあった。

　エスの質をより「生命的」なものにしようとのエス論者の試みが、結果として、「攪乱者エロス」の輝度を高め、ゆとりを持った時の流れとしての歴史過程（「有機体の発展に刻印をきざみつけたものは……」、「この押し付けられた生活経路の変化をことごとく受け容れ……」、「何か変化と進歩を求める力がある……」、「あらゆる有機体の努力……」、「発展のあらゆる迂路を経て……」）の場を拡大していった。実際の話、エロスこそが精神分析という学の成立を、そして「歴史小説」として構想された『モーセと一神教』の誕生を可能にした力なのだ。物語（ストーリー）にせよ歴史（ヒストリー）にせよ、不定の流れに形を与える力は、つねにエロスに発する。

エス論者の歴史意識は実に厄介である。「エスの中には時間観念に相当するものは何も見出されません。すなわち時の経過というものは承認されません。〔中略〕そこには時間の経過による心的過程の変化ということがないのです」（『精神分析入門・続』[6]）と書かれたのは一九三三年すなわちモーセ論執筆開始の一年前（あるいは、ほとんど同時と考えた方が妥当か？）なのだ。歴史時間の消去と「歴史小説」構想をこの奇妙至極なエス論者は一気に行う。

モーセという途方もなく偉大なる男を想起せんとするエス論者の歴史意識は、それゆえ、常識を受けつけないという意味で、非常識なものであった。この非常識の理由は、すでに明らかだろう。つまり、エスは、死の欲動とエロスの闘いの舞台であって、決して登場人物ではない。この消息は、生と死のカオスにほかならぬディオニュソス的原理が、それ自体は舞台上に立つことなく、造形力を有するアポロン的原理とは次元を異にする事情に通じよう。二つの原理は同格で対立するものではない。アポロン的原理なくしてはディオニュソス的原理はおのれの何たるかをすら知りえないのだが、別にこれに支配されているわけではない。なるほど、アポロンあってのディオニュソス、ディオニュソスあってのアポロンである。だが、問題を歴史造形にしぼって考えてみても、造形されえない、造形されることを欲しない力も存在するのだ。そして生命論者フロイトは、この歴史的に造形されることを拒否する力をこそエスと名づけたのである。つまり、超（非）歴史的な力がエスの本性であるとの断案は撤回されていない。

すなわち、エスは、自我と対立しつつ、超自我を代理人として、歴史の造形に力を与えることもある（もちろんビンスワンガーに言わせれば造形された歴史は逆立ちしている）が、まったく非歴史的でもありうる。エスと歴史性のあいだには、何の法則性もない。このような前提に立つエス論者フロイトが、いったい、どのようにして一民族の精神史の根源を想起する歴史家になりうるのだろうか？

エス論の沁み込んだ歴史意識が、こともあろうに、偉大なる男たちのなかでも最も偉大なる男、モーセに向かい合う。一切を廃墟と化しつつ過去から現在へと流れくるエスを歴史の根柢においた生命論者が、ただひたすら想起するしかない、高貴な精神の運動によって邂逅するしかないモーセを果たして語りうるのか？　もし語りえたとするなら、いったい、どうしてそれが可能であったのか？　もし完璧な失敗だったなら、われわれはその失敗の意味をどのように受け止めるべきなのか？

2　エス論者の揺らめき

本文を読むと、まず、文法として、接続法を用いた婉曲な表現の頻出が目につく。「……かもしれない」「……なのであろう」「……と思われる」のたぐいの迷いの文章。かと思うと、場違いで不自然な断定が突然出てくる。歯切れの悪い文章が続くかと思うと、突如として論理的に整然とした文体が出現する。反復、重複は、フロイト自身も認めている通り、少なくない。意図的な繰り返しか、と考えざるをえない箇所もある。まったく個人的な嘆息、正直な不安の告白も、少し奇妙に過ぎると思われるくらい本文化されてしまう。全体として『モーセと一神教』の文章は、流暢さを欠く。論理的な展開すら、ぎくしゃくしている。

これらの特徴の理由を著者の老齢、体力と気力の低下に帰するわけには行くまい。読む者に伝わってくる著者の強い不安と文章内容の困難さが常に共振しているからである。この書に限っては、フロイトの筆のリズム、息遣いにまで注意を払って読むべきだと思われる。

『トーテムとタブー』を読む場合、そのようなことは気にしないで済む。テーマの大胆さにもかかわらず、文章はしっかりと論理を刻んでいる。内容は本文に反復紹介されているから述べないが、要するに、ここには、やがてエス論に純化して行く思考を阻害するほどの特殊人格的な問題がない。敢えて言うならば、フロイトは結論を知ったうえで、その筆を起こしている。想起を意志しつつ歴史の個性に立ち向かうことと、現在形の理論装置を想像された過去世界に移し置くことは別である。『トーテムとタブー』は、モーセ論において要請されるような歴史意識の緊張を必要としない、非・人格的な群れについての（厳密な意味での）ファンタジーである。トーテミズムもタブーも、フロイトの足下にはない。心眼の前に繰り広げられるのみである。これは、論の真偽問題ではない。『モーセと一神教』とは無縁の、エスの一般総論の必然的性格が現れた、とだけ認識されたい。

具体的にエス論者の不安、揺らめきを見てみよう。

たとえば、一九三八年六月と明記されている「緒言II」の後半部（102ページ）。ヒトラーに対する嫌悪の情とは別次元の懊悩、つまり「依然として私は私自身の仕事を前にして動揺しており……」以下の文章に、エス論とモーセ論を調和させる仕事の難しさが誠実に告白されている。エスとエディプスを思う存分駆使できた『トーテムとタブー』の結論の正しさを確信している旨の不自然なほど激しい断案をはさんで、書いているエス論者の知性と書かれているモーセの精神との深刻な乖離が述べられている。超（非）歴史的なエスの勢いでもってモーセという途方もない精神を一掃するわけには行かぬ、モーセはホモ・ナトゥーラ以前に、より深い根柢に立っているのではあるまいか、少なくともユダヤ民族に限って言うならば、ユダヤ的エスの勢いがモーセを生んだのではなく、まったく逆に、モーセこそがユダヤの民を造型したのではないか。このような不安がフロイトを襲っている。強靭なエス論者は、おのれの論、おのれの姿、おのれの運命を、いまにも倒れそうな「踊り子」の姿態に重ねざるをえなくなる。条件つきではあるが、書かなければよかったのか、という危機的な断念すらふと浮かんできてしまう。

「欲動断念」と題された節にも実に奇怪な文章が現れている。「……欲動断念という犠牲が供えられる第二人格あるいは第二審級など存在していないのである」(196ページ)以下の文章。超自我の機能を整合性をもって論じてきたフロイトは、ここで一気に、おのれの論を否定し始める。事は、学としての精神分析の存立の不可能性に直結しうるだろう。フロイト自身、読者の驚きと困惑を承知している。「このように言明されると、これを聴く人はすぐに動揺してしまうであろう」と。だが、彼にとっては、取巻きの分析家たちよりもモーセの方が、歴史的真理の方が大切であった。超自我がこの学にとってアキレス腱となっている事情は慎重に見定めておかねばなるまい。

『自我とエス』のなかに「しかし、自我のばあいと似た方法で、超自我の位置を定めたり、あるいは、われわれが自我とエスとの関係を模写しようとした絵図の一つに、超自我をあてはめることは、無駄な努力であろう」との文章がある。これは先に引用した「自我理想」の「形成の歴史」に関する文章に直接続くものである。この「絵図」(図1)には、たしかに、超自我は書き込まれていない。ところが一〇年後に出された『精神分析入門・続』の第三一講には、超自我を書き込んだ「絵図」(図2)が明示されている。

ここで、エス論が一〇年のあいだに精密化したとか徹底したとか考えるのは危険である。木村敏氏も指摘するように、この矛盾、この歯切れの悪さは、重大な問題に直面したフロイトの誠実さの現れにほかならない。

『モーセと一神教』の「欲動断念」の節に戻ろう。ここで『集団心理学と自我分析』(一九二一年)を持ち出せば、エス論は難なく進行しえたはずである。ユダヤの民とその超自我としてのモーセ、という構図に逃げることができたはずである。ところがフロイトはこの安易な道を拒否せざるをえない。なぜなら、「欲動断念」という犠牲を供えるべき超自我の原型たる父親が自身の力で超自我になるのは不可能であり、超自我の成立のためには「精神性における進歩」が不可欠の先行条件であり、「精神性における進歩」の根柢には「神の姿を造形すること」を禁止するモーセの掟が厳然として存在している経緯をフロイト自身が一気に見抜いてしまったからである。

エスの代理人とされてきた超自我という審級は、実はエスから生まれたのではなく、モーセの掟すなわち歴史的事実の力によって制作されたのではあるまいか、これがフロイトを戦慄させた疑念である。「精神性」が「感覚性」を圧倒して行く厳然たる歴史的事実に直面して、エス論者は立ち尽くす。「けれども、なぜそうであるのか、誰にも分からない」

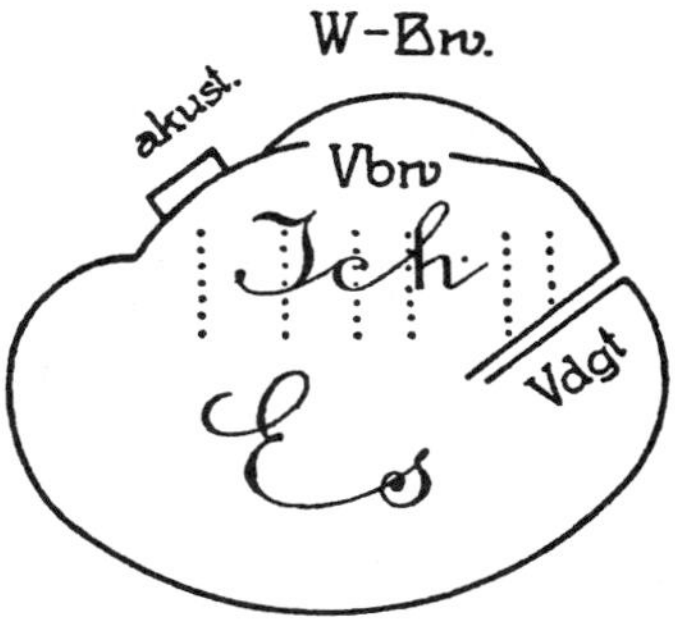

図1　S. フロイト『自我とエス』(S. フィッシャー出版社，フランクフルト，1976 年) から．

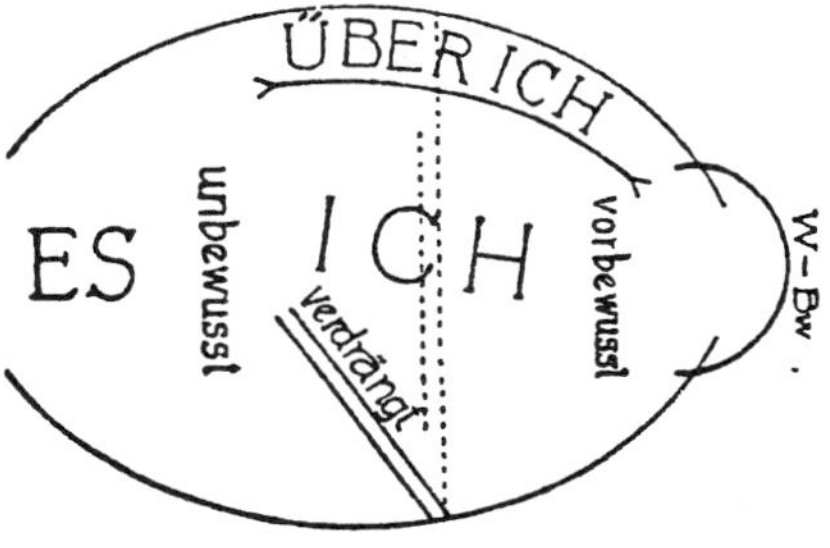

図2　S. フロイト『精神分析入門・続』(同上，1979 年) から．

（197ページ）と書くフロイトの心は察するに余りある。

エス論が人間の自然の学、官能の学、「感覚性」の学であるのは明白だろう。この特質ゆえに精神分析は成立しえたのであり、「科学的逆転劇」（ビンスワンガー）も展開されえたのである。ところが、超自我の概念とモーセの掟が正面衝突したとき、崩れ去ったのは超自我であり、大きく揺らいだのは超自我の胎盤たるべきエスの方だった。モーセの掟、とりわけ「感覚性」峻拒の掟は、歴史的に制作された力として、心的装置にとり返しのつかない亀裂を走らせるほどの強度を持っていた。

「精神性における進歩」から「欲動断念」に至る箇所の文章の乱れ、論の揺らぎは、とにかく、注目に値する。《人類を、少なくともわれわれユダヤ人の心を決定づけたのは、エディプスでもエスでもなく、モーセの言辞だったのではあるまいか？》フロイトの疑念は読む者に直接伝わってくるだろう。

もう一箇所だけ、エスの勢いがよどむ所、エス論者が揺らぐ所を指摘しておこう。「宗教における真理の内実」の節（204ページ以下）の文章。

おのれの学問的成果のすべてを投入して挑戦したモーセ、ユダヤ精神史の論がほとんど終結に近づいたこの箇所で、フロイトの不安は一気に強くなる。まるで「不気味なもの」に直面したかのように。ここには宗教を人類の強迫神経症と断じ去ったエス論者の自信が痛ましいほどに萎縮してしまった経緯が書かれている。結論を撤回する気など毛頭ないと書きつつ、「原因と考えられることが、われわれが説明しようとしている事実すなわち結果としっくり調和しておらず」（206ページ）と告白される。「原因」すなわちホモ・ナトゥーラの欲動の流れ、エスの奔流、心的装置内の力動、あるいはモーセ殺害の件をめぐる「抑圧されたものの回帰」である。「結果」はユダヤ民族の厳然たる存在、宗教的に「大いなる精神」、「神性を帯びた精神」（204ページ）の強烈な現前、である。さらに、つぎつぎと立ち上がってくる不屈のユダヤ人預言者たちへの感嘆の念と讃美の言葉を抑えることができないフロイト自身の心意そのものも、予期せぬ「結果」に含めてよかろう。

「結果」の方が「原因」よりも「桁違い」に大きい、あるいは、重い。さらに「……出来事全体の動因を発見するに至っておらず、……ただ表層を撫でたに過ぎず……」という不快な自己批判の文章が続く。だが、決して自己否定にまでは至らない。この老エス論者は、おのれの懊悩の根拠、判断停止せざるをえない理由を承知している。要するに、掘り出してしまった謎が余りにも厄介に過ぎることに気づいている。それゆえに「生命と歴史 Leben und Geschichte に関して、ありとあらゆる原因が尋常でないほどに錯綜している場合、このような事態が生じることは承知されていて当然であった」（206ページ、傍点・渡辺）と書いている。これは自己弁護ではない。逃げではない。諦めでもない。不可知論の言明でもない。認識者の誠実のみがこの凄い文章を支えている。

『モーセと一神教』全篇のなかで「生命と歴史」という書き方はここ一箇所だけである点、

特に留意されたい。学問の最奥の謎はここにある。「科学的逆転劇」の完全な展開が可能であるか、不可能であるか。大変な緊張のなかでの判断停止がここに起こっている。「生命と歴史」は「自然と歴史」とも「エスとモーセ」とも換言できよう。エスの真実、モーセの真実、この双方ともに捨てまいとすると、こうなる。少なくとも、エスの奔流を止めた人物がほかならぬエス論者であった事実は、読む者の胸を打つだろう。

以上、分かりやすい所のみ三箇所を挙げて、エス論者の揺らぎを論じたが、実は、この険悪かつ不気味な雰囲気は『モーセと一神教』全篇を支配している。

3　必然的に要請されるパースペクティヴ

超自我という窓から外に出て遭遇する「歴史」は、決してビンスワンガーの言うような、つまり常識的な「歴史」ではない。エスの引力から脱出したと思った瞬間に、われわれはエスの本性とも言うべき「死の欲動」の大きな流れのなかにいることに気づかざるをえない。せいぜい、エロスの反抗的戯れが創り出す「迂路」としての「歴史」を見出すに過ぎない。

それゆえ、フロイト自身が直面して立ちすくんでしまった「生命と歴史」の謎を照明するために、われわれは余程広大なパースペクティヴを得なければならないだろう。エスの磁力はそれほどまでに強力なのだ。
フロイトを理解するには「フロイト其儘」に徹するだけでは危険である。時には「フロイト離れ」をした方がよかろう。
以下、「生命（自然）と歴史」の謎をめぐって、信頼するに足る思想家の証言を引用して行く。

私はこの世界の見方というものは大体において二様に考えることができると思う。一つはこの世界を自然界と見て自然科学的に考えることであり、一つはこの世界を表現界と見て社会的、歴史的に考えることである。ギリシャ哲学においても無論、自然という考はあったであろう。しかしギリシャ哲学において自然といっても、それは近世科学において考えられるものと同一ではない。ギリシャ人の見た世界、ギリシャ哲学者の考えた世界はむしろ表現の世界である。この世界の根柢に自然を置いて考える人は、歴史の背後にも自然界を見るであろう。この世界の根柢に歴史を置いて考える人は、自然の背後にも歴史を見るであろう。歴史が自然においてあるか、自然が歴史においてあるか。いずれよりするも、そこに越ゆることのできない間隙がなければならない。

（西田幾多郎「プラトンのイデヤの本質」[7]）

これは《エスと歴史》をめぐる謎の質を示すための明快な序論と言える。西田はビンスワンガーほど楽観的ではない。西田に従うならば「科学的逆転劇」は原理的に起こりようがない。「越ゆることのできない間隙」を見定めて、「歴史が自然においてあるか、自然が歴史においてあるか」、自覚的に決断しなければならぬと西田は考える。二者択一の道しかない。西田自身はギリシャ人の考えをとる。「この世界の根柢に歴史を置いて考える」態度を決定する。だが、西田は「世界の根柢に自然を置いて考える」ことを否定しない。つまり、エス論も可能だ、と見なされる。それゆえ西田は自身の哲学を「一つの試みに過ぎない」と言う。これは謙遜のレトリックではない。西田という個人の誠実と健全の現れである。この健全な決断が西田哲学の強靭さを支えている。

フロイトには、しかし、西田の言う「間隙」が見えていない。いや、見えていながら「間隙」の深淵に落ちそうになり戦慄せざるをえない事情があった、と言うべきだろう。実に『モーセと一神教』は、この「間隙」において書かれた、引き裂かれた書なのである。エスとモーセのあいだの深淵は、本文では、「系統発生」論、「後天的に獲得された太古の遺産の遺伝」、「抑圧されたものの回帰」としての「伝承」などで埋められたかのように書かれている。誤謬とは言うまい。フロイトが言うように、このような問題には「完璧な解答」などありえないのだから。われわれは「解答」捜しなどやめて、「生命（自然）も歴史も」、エスもモーセも双方ともに捨て切れなかった、ひとりの英雄的なユダヤ人の悲劇を凝視すべきだろう。そして、独創的に歪んでしまった歴史意識が開いた広大なパースペクティヴを共有すべきであろう。西田は徹底的に思索したがゆえに「間隙」を認めた。フロイトは徹底的に思索したがゆえに「間隙」に落ち込んだ。ふたりとも誠実である。

歴史が生に奉仕する限りにおいてのみ、われわれは歴史に奉仕することを欲する。しかし歴史に携ることには程度があり、そして歴史を尊重するあまり生が萎縮し退化することがあるが、〔以下略〕

（フリードリヒ・ニーチェ「生に対する歴史の利害について」小倉志祥訳[8]）

ニーチェの言葉は逆説に満ち、安易な引用はすべきでないが、西田と同様に、ニーチェも、この謎に直面して、徹底した思惟において決断を下している。ただし、西田とは対照的に、ニーチェは「歴史が自然においてある」と考える。ギリシャ的原世界を超歴史的に第一と見なすニーチェであるゆえ、「自然」が西田以上に切実にギリシャ的なものであったこと、「歴史」も、西田が考えるほど深いものではなく、近世の歴史学者たち（ヤーコプ・ブルクハルトだけは除く）の「歴史病」の産物つまり害毒の謂である点は、少しややこしいが、留意されたい。

ニーチェが、西田よりも遥かにエス論者に近い所に立っていることは明らかであろう。

フロイト自身がエスという言葉をめぐってグロデックを不当に軽視し「ニーチェの用語に倣い、G・グロデックの示唆に従って、われわれは今後無意識をエスと呼ぶことにします」（『精神分析入門・続』第三一講）と述べている。

だが、ニーチェとフロイトの歴史意識は微妙な点で、しかし決定的に異なっている。この相違はフロイトがニーチェを誤読ないし曲解していたか否か、という問題とは別次元にある。古代ギリシャ文献学と下等動物神経学という、ふたりの学問の出発点の違いも余り重要ではない。ニーチェは想起することもできた。しかしエス論者には個性的な精神を想起することが原理的に禁止されていた。この違いこそ決定的である。私がここで想起というのは、感覚的に体験しえない（体験しえなかった）世界を明瞭に思い出す精神の運動、の意である。

> 適当な時に追憶するのと同様に適当な時に忘却するすべを心得ていること、いつ歴史的に感覚し、いつ非歴史的に感覚するのが必要かを力強い本能をもって感知すること、これ次第である。次の命題こそ読者がそれを考察すべく招待されているものである。非歴史的なものと歴史的なものは個人や民族や文化の健康にとって同じように必要である。
> （同前）[9]

諸君はただ現代の最高の力からのみ過去のものを解釈することを許される。諸君は諸君の最も高貴な性質を最も強く緊張させることにおいてのみ、過去のもののうち何が知るに値し、保存するに値し、偉大であるかを推測するであろう。[10]（同前）

エス論者に比してニーチェがいかに自由かつ自在な精神の運動を行っているか、よく分かるであろう。「生にとっての歴史の害」を語るこの哲人は、確かにエス論者に似ていると言えようが、われわれのエス論者にニーチェのような絶妙のバランス感覚、「生、生命、自然」と「歴史」のあいだを自由に飛翔する強靭な精神の舞いを求めることはできない。ニーチェの巨大な視野を借りることによって、われわれは、エス論者がどこに立っているか、そして、モーセ論においてどの方向へ迷いつつ歩み始めたか、が理解できる。エスにしがみつく限り、エス論者だけでなくわれわれも、無時間的、非歴史的にのみ感覚し考えなければならない。ホモ・ナトゥーラが「忘却」（ニーチェ）しつつひたすら前進していった軌跡だけを歴史と見なさなければならない。もはや感覚しえない世界を想起する精神の運動は、強引に短縮単純化され、記憶痕跡と名づけられて、エスのなかに封印されなければならない。記憶痕跡は、抑圧されているにせよ回帰してくるにせよ、つねに現在形という時制のもとにある。なぜなら、エスが直接に感覚し保存しているものであることが記憶痕跡の定義なのだから。

敢えて言うならば、エス論には過去という概念がない。先行する感覚と後行する感覚の錯綜した力動のみが許容されているに過ぎない。死の欲動の目標たる「以前の状態」すなわち無機物の平安は、過去にではなく、未来にのみ存する。もしもニーチェがエス論を知ったとするならば、どう思うだろうか。たしかに賛意を表すると考えられる点もある。「生」を害する「歴史」という毒物が一掃されているからだ。しかし、おそらく、この稀有に自由な精神は、エス論の余りの窮屈さに苛立つことだろう。ここには「追憶」がない。必要な「歴史的感覚」がない。「力強い本能」も「現代の最高の力」も「最も高貴な性質」もない。ニーチェは、エス論において、「歴史病」患者とは対極に位置するがそれと同じくらい病的なものを見出したに相違あるまい。

もちろん、過去と伝統の担い手たるべき超自我という脱出口を通ってエスの磁場から離脱しようとした最初の人がフロイトであり、彼を破天荒な冒険へと招いたのがモーセの呼び声であった事実は銘記されなければならない。フロイトにとってのモーセは、ニーチェにとってのヘラクレイトスであった。あるいは、それ以上の何者かであった。「回帰」してくる「抑圧されたもの」の彼方にあって、ユダヤのエスを造形する強度を持った根源的な力そのものであった。フロイトはエスの根柢を想起する。『モーセと一神教』における無神論者フロイトのユダヤの「伝承」へのこだわりは奇妙なほどに強い。「伝承」論は本文の随所にあるが、121ページの箇所、208ページの箇所は特に注目されよう。ほとんど同じ文章が反復されている。モーセの神がヤハウェを「伝承」の力によって圧倒し去るありさま。エス論者としてのフロイトは必死に系統発生的獲得物の遺伝に関するラマルク説あるいは「抑圧されたものの回帰」論を強調するが、「伝承」の実体がエスではなく言辞であることは否定しようがない。

分析用の長椅子で芽生えた素人歴史家の歴史感覚は質的に変貌し、深度も途方もないものになって行く。非・特殊人間的な生命の奔流をただ受容するだけの歴史感覚が、「伝承」を、言辞の道を溯る言わば能動的なそれに転じ、死の欲動の「退行」せんとする勢いに身を委ねる態度が、「偉大なる男」を「追憶」（ブルクハルト、ニーチェ）する精神の運動へと変身して行く。このエス論者は、エス論者のままに、「伝承」という言辞の道を溯り始め、想起への苛烈な意志を顕わにし始める。

フロイトが陥った苦境、エスを論じつつモーセを物語ることの著しい困難あるいは挫折の必然、すなわちこの文脈での「忘却」と「追憶」のコントラストの著しい強さの意味を、ニーチェ以上に明瞭に教えてくれると思われる文章がある。

此の書は、現在の余を示すものではない。これは現在基督信徒たる余自身の接木《つぎき》せられてゐる砧木《だいき》の幹を示すものである。余は余の神に感謝する。余は裸体の未開人として此世に入り来らざりしことを。余が母の胎に宿らざりし先に、種種なる感化が余を形成したのである。選びの業《わざ》は我が国民のうちに二千余年来はたらき、遂に余もまた主イエス・キリストの仕者《つかへびと》として選ばるるに至つた。

（内村鑑三『代表的日本人』[11]）

鑑三の文章に神秘的なものはない。実にリアルな想起の苛烈さ、歴史の意味と力が語られているだけである。ブルクハルトやニーチェが「追憶」と言い、西田幾多郎が「歴史において」と書き、フロイトが「伝承」を論じるとき、各人は各様に鑑三の言う「砧木の幹」を思い出そうとしている。超自我の概念がモーセの掟とそののちのユダヤの民の「精神性における進歩」によって粉砕されるのを目の当たりにしたとき、フロイトも彼自身の「砧木の幹」の存在を感知したに相違あるまい。

ところがフロイトは、同時にエス論者でもあった。つまり学問的閲歴の大半を「裸体の未開人」、ホモ・ナトゥーラ、ホモ・ナトゥーラの主たるエスの分析に費やしてきた人であった。『トーテムとタブー』も「裸体の未開人」の群れが織り成すひとつの物語であった。人間を「裸体の未開人」と見なすことが精神分析を創始する論理的前提であった。エスは「母の胎」から生まれる。「母の胎に宿らざりし先」は、論理的に厳密に言えば、エスにとって端的に無の世界である。外的世界のために自我が、過去世界のために超自我がエスから生まれるとされるが、直接的な感覚に由来する記憶痕跡をいかに大量に収集蓄積しようとも「裸体の未開人」のエスが「砧木の幹」を知ることは原理的に不可能なのである。ここにエスの最奥にして最強の特性が現れているだろう。すなわち最もきつい意味における「忘却」するものという特性。

鑑三には「裸体の未開人」が「忘却」の装置に過ぎず、「砧木の幹」の力と無縁であることが明瞭であった。鑑三の自覚は徹底していた。ところがフロイトがおのれの死をまえにして開始した仕事は、おのれの「砧木の幹」たるべきモーセを「裸体の未開人」たるエスと結びつける、さらに言えば、「裸体の未開人」の群れの動きによってモーセとユダヤ精神史を解明せんとする無謀な試みであった。

ここでフロイトを批判し否定するのは容易だろうが、むしろ「裸体の未開人」に固有の歴史性と「砧木の幹」に固有の歴史性とを双方ともに視野のうちにとどめ、歴史の意味と力を考え抜くことが真に要請されているように思われる。

4　ユダヤの「生命と歴史」

エスは原則としてユダヤ性と無縁である。ところがモーセとユダヤ性は切っても切れない関係にある。そして、すでに示唆してきたことだが、エス論がよどむとき、必ずと言ってよいほど、《モーセ・ユダヤ・フロイト》という特殊各論的に限定された関係が前景化している。エスの一般総論の勢いがユダヤの民の問題にぶつかると弱まるのがはっきり見える。まるでエスが「エスの歴史性」とは異質な歴史性に出遭って驚くかのような気配が本文のなかの至る所に充満している。われわれは、エス論者が同時にひとりのユダヤ人でもあった事実を、心情的にではなく、思想史的な条件として、深刻に受け止めなければならない。フロイトがひとりのユダヤ人であった事実がモーセ論における「生命と歴史」の謎に深々と突き刺さっているからである。

興味深く、また重要な書簡がある。一九三四年九月三〇日付けのアルノルト・ツヴァイク宛のものである。そのなかの一箇所に「新たな迫害に直面して人びとはまた、いかにしてユダヤ人は生れたのか、なにゆえにユダヤ人はこの死に絶えることのない憎悪を浴びたのか、と自問しております。私はやがて、モーゼがユダヤ人をつくったという定式を得、私の作品は「モーゼという男――一つの歴史小説――」という標題をつけられました」(生松敬三訳、傍点・渡辺)[12]とある。モーセがユダヤ人であったか、エジプト人であったか、これは現下の文脈ではあまり大切ではない。トーテミズムや人類の強迫神経症すなわちエスの勢いではなく、「モーセという男」が「ユダヤ人をつくった」と言明されていることこそが重要なのである。このストレートな表現は営々とエス論を築き上げてきた人物のものとしては、ひどく唐突である。そして、よくよく考えるならば、また鋭敏な直覚に恵まれた読者であるならば、ここに「夫れ道は、先王の立つる所、天地自然に之有るにはあらず」(『弁名下』)と見なした荻生徂徠の歴史意識と酷似した考えを発見するだろう。歴史の根柢には「自然」ではなく「聖人の作為」があるとする思想である。

実際この書簡は『モーセと一神教』の運命を透視している観がある。たとえば「モーセこそがユダヤの民のなかに身を落とし、彼らをモーセの民族としたのだ」(81ページ)との文意は随所に見出せる。さらに、すでに述べたが、モーセの掟の根源性に関する論。つまり、フロイトは、ユダヤ人はモーセの「作為・制作」の所産にほかならない、と考えているふしがある。徹底した無神論者フロイトにとって、自身の属する民族の造型主を神ならぬひとりの男、「聖人・先王」ではあるが歴史的に実在した男と考えるのは好ましいことだったろう。とすると、モーセ以後は「精神性における進歩」の時代、モーセより昔は、トマス・ホッブズの言う「自然状態」すなわちエスの支配下の世界となる。事態はこれほど単純ではないだろうが、モーセ以後、ユダヤの民に民族的統一性とその精神史が展開した、とフロイトが見ているのは明らかだろう。

本文を読むと直接に伝わってくるが、フロイトの文章は、ユダヤ性を論じるとき、強い情動を帯びてくる。たとえば「このようなとき、民族の中心部から、もはや途切れようもなく、不屈の男たちがつぎつぎと現れるようになった」(91ページ)以下の文章。また、「そして預言者たちが砂漠あるいは荒野の生活の簡素な美しさと神聖さを讃えるとき、彼らは確かにモーセの理想のもとに立っていた」(112ページ)などの文章。ここに、エスの支配下に生きるホモ・ナトゥーラを冷厳な眼差しで凝視する合理的分析家はいない。高貴な精神の連綿たる持続を「追憶」し感嘆讃美するひとりの老ユダヤ人がいる。精神の運動に応答するひとつの精神の運動が顕現している。モーセを想起する意志を共有するパッションがじかに伝わってくる。エスの奔流を超越し、旧約の言辞の道を遡りつつある歴史意識が姿を見せ始めている。誇り高いひとりのユダヤ人、フロイト。

「……一神教は洗練された抽象化の高みへの飛躍を成し遂げてしまっている」（36ページ）、「ユダヤ教は父親の宗教であったのだが、キリスト教は息子の宗教に変貌をとげてしまった」（150ページ）、「キリスト教はユダヤ教が登りつめた精神化の高みを維持できなかった」（150ページ）、「身についてしまった頑固さでもって父親殺害を否認し続けた哀れなユダヤ民族は……」（153ページ）、「おおよそ二千年間にわたってユダヤ民族の生活のなかで精神的な努力に与えられてきた優越性は……」（193ページ）などのユダヤ性に寄り添うような文章は、さらに見出せる。

フロイトがエス論に徹していたならば、このような文章は理解できまい。エス論から見るならばユダヤの民の「精神性」の強さは、この民の幻想の病的強迫性の強さを意味する。ところがモーセ論の文脈はまったく異なっている。フロイトは無条件に「一神教」を第一のものとし、「モーセという男」を信頼し、ユダヤ精神史を肯定している。そして、キリスト教、イスラム教、さらにアートン教以外のエジプト宗教、ギリシャ宗教を含む一切の多神教を皮肉な言葉で侮蔑する。東洋の宗教など論ずるに足らずという風である。ギリシャ哲学も「一神教」を前にすれば、「精神性」の「弛緩」の一産物に過ぎないとされる

（112―113ページ）。

何と誇り高い人物であることか。また、何たる狭量であることか。フロイトの内なるユダヤ的情動が噴出している。無神論者たる分析家はそれを必死で抑えようとするが、筆の勢いをとどめることができない。いや、筆の勢いに任せてしまおうと意を決した一個のユダヤの心が息づいている気配である。パウロに対する怒りと羨望の念が露呈してしまう文章（147ページ、226ページ）も、誇り高くも狭量なユダヤ魂が書いたものである。あの冷酷なまでに冷静なエス論者はどこへ行ってしまったのか。

『モーセと一神教』は均質な文体で統一された書ではない。勢いよく出発したエス論の流れが、あるときには「追憶」（ブルクハルト、ニーチェ）する歴史意識によって、あるときには内なるユダヤ的情動によって、寸断される乱調の書である。しかも寸断する力の出現の頻度と強度は、筆が進むにつれて増している。エスの勢いは徐々に失速して行く。《イクナートン・モーセ・ユダヤの預言者たち》は持続する精神の運動のしるしであり、この持続する運動に応答しうるのは、感覚の学の論理ではありえなかった。「裸体の未開人」の学にとって、「砧木の幹」（鑑三）への道を歩むことはタブーだったのかもしれない。エロスと死の欲動が闘争する舞台の背後にモーセの掟という「先王の作為」（徂徠）を措くことは、エス論者にとって、禁じられた遊びだったのかもしれない。確かに、一見したところ、残されたのは巨大な混乱である。だが、人間がホモ・ナトゥーラでもある以上、エス論が誤謬であるなどとは断じて言えまい。

フロイトを理解するために「フロイト離れ」して、われわれは広大なパースペクティヴを得た。この眺望のなかで見えてきたのは、エス論者がモーセを「追憶」する道を歩むとの著しい困難、あるいは原理的な不可能性であった。ところが、ひどく混乱した筆の動きではあるにせよ、『モーセと一神教』はどんどんモーセ「追憶」の気配を帯びて行く。なぜであるか。すでに明らかであろう。モーセ論を書き進めているのは、実はエス論者フロイトではなく、ひとりのユダヤ人フロイトなのだ。「生命と歴史」の謎に直面して、謎もその解読者も一気に特殊ユダヤ的に自己限定せざるをえなかった事実は面白い。つまり、「生命と歴史」の謎は、いつでもどこでも誰にとっても、おのれ自身の謎としてしか意味を持ちえない、科学や論理では手におえない、ということをフロイトは身をもって教え示しているのである。

無理な強弁の部分を慎重に避けて読むならば、『モーセと一神教』が示しているのは、歴史は複数存在する、あるいは、質的に異なり互いに相容れない複数の歴史意識・歴史感覚が一個の人間のなかに存在しうる、ということなのだ。逆に表現するならば、本書における《無理な強弁》は、常に、フロイトが、単一の歴史、単一の歴史意識、単一の生命(自然)のプロセスを求めるとき、否応なく展開されるわけである。歴史が複数存在するか、単一であるか、この問いは、精神分析の命運を左右するものであり続ける。いや、さらに、学問全般そして個々の人間の境涯をすら規定してくるものである。

5 指示されている「生命と歴史」の根柢について

歴史を非・特殊人間的かつ無意識的な生命の奔流と見るエス論者フロイトにとって、モーセは特別な存在ではありえない。無機物の平安をめざして盲目的に突き進んで行く有機的欲動の群れのなかで、精神性の持続などなにものでもない。エス論にとって、持続する精神を想起することなど表層の戯れに過ぎない。持続する精神の運動を切り捨てること、すなわち忘却こそが、エスに課せられた経済論的な要請である。最短距離で最終目標（無機物）に達するためには、精神性など邪魔な剰余に過ぎぬ。これがエス論にふさわしい歴史意識である。

ところが、ひとりのユダヤ人としてユダヤ民族の命運を考えるとき、まざまざと思い出されるのはユダヤ的精神性の持続であり、不屈の預言者たちの連綿たる志であり、モーセその人であり、モーセの掟であった。フロイトのなかで、歴史意識は、急転直下、特殊人間的、特殊人格的かつ意識的（自覚的）なものになる。持続する精神を想起すること、すなわち歴史を知ることになる。エスの奔流は、特殊ユダヤ的な精神史の必然を解明する力を持たない。旧約の言辞の道を溯る精神の運動のみがモーセ論を可能にする。フロイトとモーセの出会いを可能にする。

ここには、まったく異なる歴史意識が認められる。西田幾多郎にならって言うならば、フロイトは《モーセがエスにおいてあるか、エスがモーセにおいてあるか》を問わなければならない。「越ゆることのできない間隙」を越えようとするフロイトは当然無理をしなければならない。個人の内的生活史を民族集団の精神史に拡大し、個体発生を系統発生へと拡大し、そのなかで「抑圧されたものの回帰」としての「伝承」の力を説く。この拡大解釈には必然的に特殊人間的、特殊人格的な力の不自然な希釈が伴った。すべてエス論の引力による。

ところが、いかに希釈しようとしても希釈できないものが残る。すなわちモーセという男の個性とモーセの掟である。そして、エス論の整合性に心を砕きつつ、フロイトはこの事態を昂然と承認する。「伝承なるものの本来の正体はどこに存するのか、伝承なるものの独特の力はどこに基づいているのか、世界史に対する個々の偉大な男たちの個性的な影響力を否定することがいかに不可能であるか、物質的欲求からの動機だけが承認された場合、人間の生活の大いなる多様性に対していかなる犯罪的所業がなされる結果になるか、いかなる源泉から人間や諸民族の心を征服するような力を、多くの、とりわけ宗教的な理念は汲み取るのであるか――」(94ページ)。一見、疑問文のかたちをとっているが、言わんとすることは明らかだろう。エス論者の誠実、フロイトという人物の大きさが現れている。ニーチェより地味だが、フロイトの精神の運動が見えるだろう。彼もまた「精神性における進歩」の持続のなかにいる。

「モーセは新たな民族とするためにこの人びとを選んだ。これは世界史的な決断であった！」（52ページ、傍点・渡辺、以下同じ）、「モーセこそがユダヤの民のなかに身を落とし、彼らをモーセの民族としたのだ。ユダヤ民族はモーセによって「選ばれた民族」だったのだ」（81ページ）、「われわれがいまここで直面しているのは、このような伝承が、時とともに力を失って行くのではなく、幾世紀もの時の流れのなかでだんだんと力強くなり、後年に修正を受けた公的報告のなかにまで侵入して、ついにはこの民族の思考と行為にまでも決定的な影響力を振るうほど強靭になってしまったという実に奇妙かつ注目すべき事実なのである」（120ページ）、「ユダヤ人を選び出しエジプトから解放した神の背後にモーセという人物が立っており、この人物が委託を受けたと称してこれらの仕事を成し遂げた事実をわれわれは知っているのだから、ユダヤ人を創造したのはモーセというひとりの男であった、と敢えて言ってもよかろうと思う」（178ページ）、「ユダヤ的本質の精神性における特異な発展は、神を目に見える造形物として崇拝することを禁じたモーセの掟によって開始されたという事実……」（193ページ）、「神の姿を造形することの禁止でもって始まったこの宗教は幾世紀もの経過のなかで段々と欲動断念の宗教へと発展して行く」（198ページ）、「われわれはこんにち唯一の偉大なる神が存在するとは信じないが、太古の昔にひとりの比類のない人物が存在し、この人物はそのころ巨大な存在と思われたに相違なく、そして神的存在にまで高められ人びとの思い出のなかに回帰してきたのだ、とは信じる」（216ページ）。

以上のような箇所でフロイトが何をどう考えているのか、多言は要すまい。《ユダヤ民族のエスがモーセの掟においてある》と言いたいのだ。ユダヤの歴史は精神史であり、その歴史の根柢にあって、歴史を開始させたのはモーセであると言わんとしている。要するに、ユダヤ民族のエスの奔流の方向と質がモーセというひとりの男によって決定された、ということである。

余人はいざ知らず、ほかならぬエス論の歴史感覚を持ったフロイトが、ここまで考え抜いたことに私は驚嘆する。まったく、大変な跳躍をやってのけたものだ、と思う。この新たな歴史感覚の覚醒が『モーセと一神教』を破綻の危機に導いたのは皮肉な事実だが、むしろ歴史家フロイトが開いたパースペクティヴの広大さをそのまま受け取るべきだろう。と同時に、骨の髄までエス論者であったフロイトが、この新たな「歴史」に徹しえなかった事情も直視されなければなるまい。徹しえなかったが、フロイトが「生命と歴史」の謎に直面して、エスとは別の根柢を指し示しているのは疑いえない。

道はかかる聖人乃至先王の作為たることに窮極の根拠をもつものである。宋儒の様に道を天地自然に存在するとか、事物当行の理に基くとかいふのは、「是皆自(ら)信ずる事厚く、古聖人を信ずる事薄き所より生じたる説に候。宋儒の格物致知の修行をして、此事はかくあるべきはづ、其事は左あるべき筈と手前より極め出して、是即聖人の道と替りなしといふ。是臆見なり……聖人の道は甚深広大にして、中々学者の見識にてかく有べき筈の道理と見ゆる事にてはなき事也。しかるを我知り顔に成程尤かくあるべき筈と思ひたらんは、聖人へ此方より印可を出す心根、誠に推参の至極と云つべし」(答問書下)。徂徠にとつては道の根拠を「手前より極め出」すことはすべて「臆見」であり、聖人に対する「推参」である。価値づけの方向は人間より聖人へではなく逆に聖人より人間へでなければならぬ。

(丸山眞男『日本政治思想史研究』[13])

「道」は、本稿の文脈では、「歴史」とも「掟」とも解しうる。「生命と歴史」を総じてもって根柢から支え決定しているのは「自然、事物当行の理」ではなく、つまりエスの論理ではなく、「聖人乃至先王の作為」、礼楽刑政の道の制作にほかならない。エス論でもってモーセを解くのは、徂徠によれば「是臆見なり」、「聖人へ此方より印可を出す心根、誠に推参の至極」となる。「価値づけの方向」はエスよりモーセへではなく、逆に、モーセよりエスへ、でなければならぬ。ユダヤ民族のエスがモーセの掟によって限定されてユダヤ精神史となって持続的な運動を開始した。はじめにモーセの「作為・制作」があった。

「抑圧されたものの回帰」にしても、何が「抑圧」されるべきか、何が「回帰」すべきか、すべてこの「作為」が決定してしまっている。「伝承」がモーセ教を復活させたのではなく、モーセの掟が「伝承」の質と方向を、言辞の力で決めてしまっていた。「聖人乃至先王」は歴史的に実在した人物であると同時に、歴史の彼岸にあって歴史そのものを可能ならしめた独特の信仰対象でもある。ユダヤ民族にとって、そしてフロイト自身にとっても、モーセはそのような微妙な存在であろう。

さすがにフロイトはここまでは断じなかった。エスの奔流としての言わば《自然・史》、「以前の状態」への「退行」を欲する有機体が辿る曲線としての《生命・史》の考えは保持されたままである。それでいて、彼はモーセ論の至る所で徂徠学の特質に肉薄する。この相容れない複数の「歴史」のあいだの緊張において、フロイトの不徹底、困惑、混乱のみを見るか、それとも、巨大なパースペクティヴの出現に驚嘆するか、これは『モーセと一神教』の読者の感性に委ねられる事柄である。

6　ギリシャとユダヤ

『モーセと一神教』という小さな遺書が、読む者に要求してくるエネルギーは膨大である。私は徂徠学の特質にまで言及してもなお言い尽くせないものを感じる。つまり、「先王」

たるモーセの「作為」を仮に認めるとするならば、普遍的概念たるエスも特殊ユダヤ的エスに変質しうるのではないか、との疑念を打ち消すことができない。

「エスはわれわれの人格の暗い、近寄りがたい部分です」(『精神分析入門・続』第三一講)。要するにエスは余りにも「暗い」のだ。この暗さ、不気味さが、「死の欲動」の特質と地続きであることに異論の余地はない。ここから、エス論者の歴史意識のどうしようもない暗さが生じてくる。ここでは、歴史的に過去を想起することは、徹底すると、「無機物」の平安への憧憬となりうる。一見、ニーチェの「生に対する歴史の害」の指摘が連想されるが、問題は、エス論者がこの「害」をニーチェほど痛切に感じていない点にある。つまり、エスには、当初から、「生」(ニーチェ)に対する毒が含まれている。その毒の名は、「歴史病」ではなく、「無機物」へ「退行」せんとする衝迫すなわち「死の欲動」である。フロイトの生命論には、結局のところ、「生」の輝きがない。この事情にはフロイト自身も気づいていると思われる。

正面切っては論じられていないが、フロイトがモーセ論でふとギリシャに言及するとき、ユダヤ的エスの非(反)生命性は紛れもなく現れている。「精神的な努力の優越性は、筋力の発達を理想とする民族のなかに現れるのを常とする粗野と暴力への傾向を抑制するのに役立ってきた。たとえばギリシャ民族が到達したような精神活動と肉体活動の鍛錬における調和はユダヤ人には与えられなかった。しかし、この相剋のなかでユダヤ人は、少なくとも、より価値高きものを獲得する決断を下したのであった」（193ページ）。

フロイトはギリシャ民族に対して文字通り両価的な態度を示す。「生」を謳歌する美しい肉体と比類のない叡智の「調和」は感嘆すべきである。ユダヤ民族にこの「調和」は与えられなかった。しかしユダヤ民族は「調和」を断念しつつ「より価値高きもの」すなわち「精神性」を獲る決断によって、ギリシャ民族に匹敵する、あるいは、それ以上の存在になった、と考える。この「調和」においてニーチェはギリシャ的原世界の超歴史的価値を見出したが、この「調和」こそ「生」の具現にほかならないのは自明である。ユダヤ民族は、「生」以外の何かを選びとった。それは、すなわち、「精神性（のみ！）における進歩」である。厳密に言えば、モーセの掟、モーセの「作為」は、ユダヤ民族にこの選択の余地しか残してくれなかったのだ。「生」とエスの差異が、「生」と「精神性における進歩」の差異と微妙に重なってくる点が興味深い。

ギリシャ性に対するユダヤ精神・フロイトの誇り高い反撥は、「同じような状況が、異論の余地なく極めて高度の才能に恵まれていたギリシャ民族においては、この民族を一神教の成立へと向かわせることなく、多神教的宗教への弛緩した拡散と哲学的思索の開始へと向かわせているではないか」（113ページ）との文章にも現れている。モーセの掟の威力と一神教成立に対する情動的な肯定の念は隠すべくもない。ここにも「生」、ギリシャ的原世界における「調和」よりもモーセを根源とする「精神」を選びとるフロイトの心意が明瞭に現れている。ギリシャ民族が一神教に至りえなかった点を強く指摘する文章はまだある（たとえば124ページ）。

ギリシャ性とユダヤ性を対立的なものとして考え、結局は強い情動をこめてユダヤ性を第一とするフロイト。この態度の背後にあってこれを支えているのがモーセの掟であることは、本文によく現れている。ここまでくると、われわれは奇妙な事実に驚かざるをえなくなる。つまり、これまで一貫して対比的に論じられてきた「エス」と「ユダヤ的精神性」（ユダヤの民の歴史における持続する精神性、「精神性における進歩」）が、ギリシャ性の出現によって、呉越同舟というか、同盟を結び始める。そして、より大きな対立が見えてくる。つまり、《モーセの掟・ユダヤ精神史の展開と持続・死の欲動論を継承するエス論》という系列と、《ギリシャ的原世界における「調和」としての「生」の充溢・ギリシャ的自然ピュシスの顕現》という系列の対立が姿を現してくる。

> ピュシスとはギリシア人にとって存在者そのものと存在者の全体を名指す最初の本質的な名称である。ギリシア人にとって存在者とは、おのずから無為にして萌えあがり現われきたり、そしておのれへと還帰し消え去ってゆくものであり、萌えあがり現われきたっておのれへと還帰してゆきながら場を占めているものなのである。
>
> （マルティン・ハイデガー『ニーチェⅠ』訳は木田元によるものを採用、傍点・渡辺）[14]

ここはピュシスの存在論の場ではないから詳論はしない。ピュシスとは生命の勢いそのもの、おのずから生成（消滅）するものの謂である。春に草木がおのずから萌えあがるありさまが思い浮かべられればそれでよい。古代ギリシャ人は万物の動きをピュシスと見た。現下の要点は二つある。ひとつはピュシスの明るさ、存在者の明るさ、隠れることを好みつつも立ち現れることをやめない非・特殊人間的な、そして一切の「作為」に先立つ存在の輝き。ここには死の欲動に支配されたエスの不気味な暗さがない。無機物はまた萌えあがる。エロスの力を借りずに、おのずから萌えあがる。もうひとつは、ギリシャ人が始源的自然の勢いに、テクネー、すなわち「知」あるいは最も深い意味での「制作」を対置させるようになったことである。

ピュシスとエスは、確かに似ている。それゆえフロイトがエスを「樹木」に喩えた文章（163ページ）が印象深い。だが両者は存在論的次元を異にする。エスは、根本からしてテクネーのひとつの末裔たる精神分析からの限定を受けた心的概念である。フロイトは認めようとしないだろうが、エスは、特殊人間的な「精神」のための言葉なのだ。しかしピュシスは始源的存在であって、元来、いかなるテクネーとも無縁であったし、いまも無縁であり続ける。この差異は見逃されるべきではない。

ここで「精神性における進歩」から「欲動断念」に至る文章をもう一度想起していただ

きたい。モーセの掟によって超自我の概念が粉砕され、超自我の胎盤たるエスも大きく揺らいでしまった経緯を。モーセの掟、モーセの「制作・作為」、モーセのテクネーの方が根柢的である可能性に思い至って、フロイトの文はひどく乱れてしまっている。私は、エスは特殊ユダヤ的だ、などと断定するつもりはない。ただ、フロイトがユダヤ精神史の根柢にあるモーセの掟の強度に触れたとき、エスは普遍性を失いかけ、ユダヤ民族の精神史に固有のエスにならざるをえなかった可能性は否定できないのではないか、と言いたいのである。「ユダヤ人を創造したのはモーセというひとりの男であった、と敢えて言ってもよかろうと思う」（179ページ）という文章の激しさは、この可能性をはっきりと示唆していよう。また、モーセの影響を抜きにして「大変に高度な精神性への自然発生的な発展が起こったに過ぎない」との説を一蹴している文章（112ページ、傍点・渡辺）もよくよく注目すべきである。

《ユダヤ民族のエスがモーセの掟においてある》とのテーゼへの肉薄は、おそらくフロイト自身も予想しえなかったことであろうが、結果として、「生命と歴史」の謎を前にしたわれわれを最大級のパースペクティヴへと導いて行く。

徂徠学ほど徹底はしていないものの、ユダヤの歴史意識は、「先王」モーセの掟、モーセの「作為・制作」、モーセのテクネーを歴史の根柢と見る傾向を強く示している。持続する精神を想起するとき、この歴史意識はエスという岩盤（実は無意識的に群れ動く「裸体の未開人」の集団という原的光景）を貫いて、この「制作」された根柢に達してしまう。歴史は特殊人間的な質を帯びることになる。ここでは歴史は「先王」への言辞の道の謂となる。この言辞の道の別名を、ユダヤ精神は、あるいは「一神教」と、あるいは「旧約」と言う。

しかしながら古代ギリシャ民族は、ピュシスにおいて、無垢の生成の感受において、存在するものの持続する運動を見る。ここでは非歴史的な感覚が支配的であるが、また、純粋に始源的な生成のそのつどの《初発》から、生気に満ちた「歴史」が必然的に顕現する。この「歴史」は「生」（ニーチェ）の輝きに満ちた《存在・史》としての《自然・史》となり、非・特殊人間的、非・特殊人格的な質の歴史感覚に呼応する。言辞の道を溯る古文辞学的な想起への意志は第一義的なものではなくなる。

では、ピュシス的「歴史」は第一義的かつ沈黙の運動の反復であるか。そう簡単なものではあるまい。

この「古層」を通じてみた宇宙は、永遠不変なものが「在」る世界でもなければ、「無」へと運命づけられた世界でもなく、まさに不断に「成り成」る世界にほかならぬ。こうした「なる」の優位の原イメージとなったものは、おそらく、「ウマシアシカビヒコヂ」の「葦牙」が「萌え騰《あが》る」景観であろう。この原イメージは、次項以下でのべる

「つぎ」にも「いきほひ」にも貫徹している。有機物のおのずからなる発芽・生長・増殖のイメージとしての「なる」が「なりゆく」として歴史意識をも規定していることが、まさに問題なのである。
（丸山眞男「歴史意識の「古層」」）[15]

この「問題」から「つぎつぎになりゆくいきほひ」という意義深いフレーズが生まれてくる。そして、この「古層」の動性とピュシスの勢いは、たいへんよく似ている。つまり、言辞の組織においてピュシスを発見し、ピュシスの顕現において諸民族の精神史の根源を想起する、という一見逆説的に感じられるダイナミックな思索も可能なのである。

最晩年のフロイトを危機に直面せしめたモーセとエスのあいだの対立的な緊張は、ここに至って、ユダヤ的「先王の作為」とギリシャ的ピュシスのあいだの壮大な緊張関係になってくる。歴史の根柢は何であるか、との問いは、存在者の根柢は何であるか、という問いにほかならないことが理解されよう。

『モーセと一神教』は、読む者をここまで導くポテンシャルを秘めている。また、これほどまで視界を広くしないと見えてこない謎をこの引き裂かれた書は提示している。提示されているのは、あくまでも謎であって、ひとつの答えなどではない点に深く留意されたい。根本的に異質で互いに相容れることが極めて困難な複数の「歴史」の織り成す不可思議な力動に耐え続ける意志が要請されている。

文献

(1) ビンスワンガー、L／荻野恒一訳「人間学の光に照らして見たフロイトの人間理解」『現象学的人間学』荻野恒一・宮本忠雄・木村敏訳二刷、みすず書房、一九六七年、二三二ページ。
(2) フロイト、S／馬場謙一・池田紘一・伊藤利男・野田倬・生松敬三訳『書簡集』二刷、人文書院、一九八五年、四三〇—四三一ページ。
(3) フロイト、S／井村恒郎訳「快感原則の彼岸」『自我論』五刷、日本教文社、一九七二年、四四—四五ページ。
(4) フロイト、S／井村恒郎訳「自我とエス」前掲書 (3)、二七三—二七四ページ。
(5)(6) フロイト、S／懸田克躬・高橋義孝訳「精神分析入門（正・続）」二刷、人文書院、一九八一年、四四七ページ。
(7) 西田幾多郎／上田閑照編『西田幾多郎随筆集』二刷、岩波文庫、一九九六年、一〇八—一〇九ページ。
(8) ニーチェ、F／小倉志祥訳「生に対する歴史の利害について」『反時代的考察』一刷、ちくま学芸文庫、一九九三年、一一九ページ。
(9) ニーチェ、F／前掲書 (8)、一二六—一二七ページ。
(10) ニーチェ、F／前掲書 (8)、一八〇ページ。
(11) 内村鑑三／鈴木俊郎訳『代表的日本人』五八刷、岩波文庫、一九九四年、一一ページ。
(12) フロイト、S／前掲書 (2)、四二二ページ。

(13) 丸山眞男『日本政治思想史研究』七刷、東京大学出版会、一九九三年、九七ページ。
(14) 木田元『哲学と反哲学』一刷、岩波書店、一九九六年、二〇八ページ。
ハイデッガー、M／細田貞雄監訳、杉田泰一・輪田稔訳『ニーチェ Ⅰ』二刷、平凡社ライブラリー、一九九七年、一一七ページ。
(15) 丸山眞男「歴史意識の「古層」」『忠誠と反逆』一刷、筑摩書房、一九九三年、三〇九ページ。

文庫版あとがき

この訳書は一九九八年に日本エディタースクール出版部から刊行されたものである。このたびの文庫化を承諾して下さった日本エディタースクール出版部、とりわけ稲庭恒夫氏に心から感謝する。

文庫化するにあたり、訳文および解題文には特に変更すべき必要を認めなかった。じっくりと読みなおして、凄い遺書だ、フロイトという人物はまったく凄い、という感嘆の念をおさえることができなかった。どのように凄いのか、これをここで論じるのはむつかしい。私のいまの実感を伝えるには、解題文をもう一度書くしかないからである。

それゆえ、ここでは『二十世紀精神病理学史序説』（西田書店、二〇〇一年刊）のなかの一部を短く引用して文庫版あとがきに代えるにとどめたい。

この書は、内容的にもすでに精神分析を逸脱しているが、常識的な学術書の次元をはるかに超えた力をもっている。それは「歴史以前とも言える野蛮」を創出してしまった狂的な「精神」に堂々と対抗できる「精神」的な武器としての強烈なパワーを内に秘めている。それゆえ、フロイトの無意識は解明しようもないが、思想史的な次元で見るならば、第三論文公表は、結果として、狂的な「精神」に対するフロイトの「わが闘争」を明示することになった。『モーセと一神教』を武器として最晩年のフロイトは北欧異教の神々に戦いを挑むことになった。戦略は陳腐な「野蛮」批判ではなかった。「野蛮人」の神々とはまったく異質の唯一神を深い歴史の奥底から一九三〇年代の〈いま・ここ〉に復活させること、これが自称無神論者フロイトの戦略であった。ユダヤの「精神性における進歩」の潜在的かつ連綿たる持続を『わが闘争』との対比において世界に知らしめること、これが六十年後に生きるわれわれの心眼に映じる思想史的な運動の光景なのである。(「フロイトの遺言」七六ページ以下)。

本書の出版にあたっては、筑摩書房の天野裕子さんにたいへんお世話になった。あつくお礼を申し上げたい。

二〇〇三年七月

渡辺　哲夫

本書は、一九九八年一二月一五日、日本エディタースクール出版部より出版されたものである。

存在の大いなる連鎖
アーサー・O・ラヴジョイ
内藤健二訳
西洋人が無意識裡に抱き続けてきた「存在の大いなる連鎖」という観念。その痕跡をあらゆる学問分野に探り「観念史」研究を確立した名著。（高山宏）

自発的隷従論
エティエンヌ・ド・ラ・ボエシ
山上浩嗣訳
西谷修監修
圧制は、支配される側の自発的な隷従によって永続する——支配・被支配構造の本質を喝破した古典的名著。20世紀の代表的な関連論考を併録。（西谷修）

自己言及性について
ニクラス・ルーマン
土方透／大澤善信訳
国家、宗教、芸術、愛……。私たちの社会を形づくるすべてを動態的・統一的に扱う理論は可能か？ 20世紀社会学の頂点をなすルーマン理論への招待。

レヴィナス・コレクション
エマニュエル・レヴィナス
合田正人編訳
人間存在と暴力について、独創的な倫理にもとづく存在論哲学を展開し、現代思想に大きな影響を与えているレヴィナス思想の歩みを集大成。

実存から実存者へ
エマニュエル・レヴィナス
西谷修訳
世界の内に生きて「ある」とはどういうことか。存在は「悪」なのか。初期の主著にしてアウシュヴィッツ以後の哲学的思索の極北を示す記念碑的著作。

倫理と無限
エマニュエル・レヴィナス
西山雄二訳
自らの思想の形成と発展を、代表的著作にふれながら語ったインタビュー。平易な語り口で、自身によるレヴィナス思想の解説とも言える魅力的な一冊。

黙示録論
D・H・ロレンス
福田恆存訳
抑圧が生んだ歪んだ自尊と復讐の書「黙示録」を読みとき、現代人が他者を愛することの困難とその克服を切実に問うた20世紀の名著。（高橋英夫）

考える力をつける哲学問題集
スティーブン・ロー
中山元訳
宇宙はどうなっているのか？ 心とは何か？ 遺伝子操作は許されるのか？ 多彩な問いを通し、「哲学する」技術と魅力を堪能できる対話集。

プラグマティズムの帰結
リチャード・ローティ
室井尚ほか訳
真理への到達という認識論的欲求と、その呪縛からの脱却を模索したプラグマティズムの系譜。その戦いを経て、哲学に何ができるのか？ 鋭く迫る！

20世紀思想を読み解く 塚原史

「自由な個人」から「全体主義的な群衆」へ。人間という存在が劇的に変質した世紀の思想を、無意味・未開・狂気等キーワードごとに解読する。

緑の資本論 中沢新一

『資本論』の核心である価値形態論を一神教的に再構築することで、自壊する資本主義からの脱出の道を考察した、画期的論考。（矢田部和彦）

反＝日本語論 蓮實重彦

仏文学者の著者、フランス語を母国語とする夫人、日仏両語で育つ令息。三人が遭う言語的葛藤から見えてくるものとは？（シャンタル蓮實）

橋爪大三郎の社会学講義 橋爪大三郎

この社会をどう見、どう考え、どう対すればよいのか。自分の頭で考えるための基礎訓練をしよう。世界の見方が変わる骨太な実践的講義。新編集版。

橋爪大三郎の政治・経済学講義 橋爪大三郎

政治は、経済は、どう動くのか。この時代を生きるために、日本と世界の現実を見定める目を養い、考える材料を蓄え、構想する力を培う基礎講座！

フラジャイル 松岡正剛

なぜ、弱さは強さよりも深いのか？ 薄弱・断片・あやうさ・境界・異端……といった感覚に光をあて、「弱さ」のもつ新しい意味を探る。（高橋睦郎）

言葉とは何か 丸山圭三郎

言語学・記号学についての優れた入門書。ソシュール研究の泰斗が、平易な語り口で言葉の謎に迫る。術語・人物解説、図書案内付き。（中尾浩）

ニーチェ オンフレ／ロワ 國分功一郎訳

現代哲学の扉をあけた哲学者ニーチェ。激烈な思想に似つかわしくも激しいその生涯を描く。フランス発のオールカラー・グラフィック・ノベル。

空間の詩学 ガストン・バシュラール 岩村行雄訳

家、宇宙、貝殻など、さまざまな空間が喚起する詩的イメージ。新たなる想像力の現象学を提唱し、人間の夢想に迫るバシュラール詩学の頂点。

哲学ファンタジー
レイモンド・スマリヤン
高橋昌一郎訳
論理学の鬼才が、軽妙な語り口ながら、切れ味抜群の思考法で哲学から論理学まで広く論じた対話篇。哲学することの魅力を堪能しつつ、思考を鍛える！

ハーバート・スペンサーコレクション
ハーバート・スペンサー
森村進編訳
自由はどこまで守られるべきか。リバタリアニズムの源流となった思想家の理論の核が凝縮された論考を精選し、平明な訳で送る。文庫オリジナル編訳。

反解釈
スーザン・ソンタグ
高橋康也他訳
《解釈》を偏重する在来の批評に対し、《形式》を感受する官能美学の必要性をとき、理性や合理主義に対する感性の復権を唱えたマニフェスト。

ニーチェは、今日？
デリダ／ドゥルーズ／リオタール／クロソウスキー
林好雄ほか訳
クロソウスキーの〈陰謀〉、リオタールの〈メタモルフォーズ〉、ドゥルーズの〈脱領土化〉、デリダの〈脱構築的読解〉の白熱した討論。

声と現象
ジャック・デリダ
林好雄訳
フッサール『論理学研究』の綿密な読解を通して、「脱構築」「痕跡」「差延」「代補」「エクリチュール」など、デリダ思想の中心的〝操作子〟を生み出す。

歓待について
ジャック・デリダ
アンヌ・デュフールマンテル序論
廣瀬浩司訳
異邦人＝他者を迎え入れることはどこまで可能か？ギリシャ悲劇、クロソウスキーなどを経由し、この喫緊の問いにひそむ歓待の（不）可能性に挑む。

省察
ルネ・デカルト
山田弘明訳
徹底した懐疑の積み重ねから、確実な知識を探り世界を証明づける。哲学入門者が最初に読むべき、近代哲学の源泉たる一冊。詳細な解説付新訳。

哲学原理
ルネ・デカルト
山田弘明／吉田健太郎／久保田進一／岩佐宣明訳・注解
『省察』刊行後、その知のすべてが記された本書は、デカルト形而上学の最終形態といえる。第一部の新訳と解題・詳細な解説を付す決定版。

方法序説
ルネ・デカルト
山田弘明訳
「私は考える、ゆえに私はある」。近代以降すべての哲学は、この言葉で始まった。世界中で最も読まれている哲学書の完訳。平明な徹底解説付。

宗教生活の基本形態（上）
エミール・デュルケーム
山﨑亮訳
宗教社会学の古典的名著を清新な新訳で。オーストラリアのトーテミスムにおける儀礼の研究から、宗教の本質的要素＝宗教生活の基本形態を析出する。

宗教生活の基本形態（下）
エミール・デュルケーム
山﨑亮訳
「最も原始的で単純な宗教」の分析から、宗教を、社会を「作り直す」行為の体系として位置づけ、20世紀人文学の原点となった名著。詳細な訳者解説を付す。

社会分業論
エミール・デュルケーム
田原音和訳
人類はなぜ社会を必要としたか。社会はいかにして発展するか。近代社会学の嚆矢をなすデュルケーム畢生の大著を定評ある名訳で送る。（菊谷和宏）

公衆とその諸問題
ジョン・デューイ
阿部齊訳
大衆社会の到来とともに公共性の成立基盤は衰退した。民主主義は再建可能か？　プラグマティズムの代表的思想家がこの難問を考究する。（宇野重規）

旧体制と大革命
A・ド・トクヴィル
小山勉訳
中央集権の確立、パリ一極集中、そして平等を自由に優先させる精神構造――フランス革命の成果は、実は旧体制の時代にすでに用意されていた。

ニーチェ
G・ドゥルーズ
湯浅博雄訳
〈力〉とは差異にこそその本質を有している――ニーチェのテキストを再解釈し、尖鋭なポスト構造主義的イメージを提出した、入門的な小論考。

カントの批判哲学
G・ドゥルーズ
國分功一郎訳
近代哲学を再構築してきたドゥルーズが、三批判書を追いつつカントの読み直しを図る。ドゥルーズ哲学が形成される契機となった一冊。新訳。

スペクタクルの社会
ギー・ドゥボール
木下誠訳
状況主義――「五月革命」の起爆剤のひとつとなった芸術＝思想運動――の理論的支柱で、最も急進的かつトータルな現代消費社会批判の書。

論理哲学入門
E・トゥーゲントハット／U・ヴォルフ
鈴木崇夫／石川求訳
論理学とは何か。またそれは言語や現実世界とどんな関係にあるのか。哲学史への確かな目配りと強靭な思索をもって解説するドイツの定評ある入門書。

1492 西欧文明の世界支配　ジャック・アタリ　斎藤広信訳

1492年コロンブスが新大陸を発見したことで、アメリカをはじめ中国・イスラム等の独自文明は抹殺された。現代世界の来歴を解き明かす一冊。

憲法で読むアメリカ史(全)　阿川尚之

建国から南北戦争、大恐慌と二度の大戦をへて現代まで。アメリカの歴史は常に憲法を通じ形づくられてきた。この国の底力の源泉へと迫る壮大な通史！

専制国家史論　足立啓二

封建的な共同団体を欠いた専制国家・中国。歴史的にこの国はいかなる展開を遂げてきたのか。中国の特質と世界の行方を縦横に考察した比類なき論考。

暗殺者教国　岩村忍

政治外交手段として暗殺をくり返したニザリ・イスマイリ教国。広大な領土を支配したこの国の奇怪な活動を支えた教義とは？　(鈴木規夫)

増補 魔女と聖女　池上俊一

魔女狩りの嵐が吹き荒れた中近世、美徳と超自然的力により崇められる聖女も急増する。女性嫌悪と礼賛の熱狂へ人々を駆りたてたものの正体に迫る。

ムッソリーニ　ロマノ・ヴルピッタ

統一国家となって以来、イタリア人が経験した激動の歴史。その象徴ともいうべき指導者の実像とは。既成のイメージを刷新する画期的ムッソリーニ伝。

中華人民共和国史十五講　王丹　加藤敬事訳

八九年天安門事件の学生リーダー王丹。逮捕・収監後、亡命先で母国の歴史を学び直し、敗者たちの透徹した認識を復元する、鎮魂の共和国六〇年史。

ツタンカーメン発掘記(上)　ハワード・カーター　酒井傳六／熊田亨訳

黄金のマスク、王のミイラ、数々の秘宝。エジプト考古学の新時代の扉を開いた世紀の発見の全記録。上巻は王家の谷の歴史と王墓発見までを収録。

ツタンカーメン発掘記(下)　ハワード・カーター　酒井傳六／熊田亨訳

王墓発見の報が世界を駆けめぐり発掘された遺物が注目を集める中、ついに黄金の棺が開かれ、カーターは王のミイラと対面する。　(屋形禎亮)

増補 大衆宣伝の神話　佐藤卓己

祝祭、漫画、シンボル、デモなど政治の視覚化は大衆の感情をどのように動員したか。ヒトラーが学んだプロパガンダを読み解く「メディア史」の出発点。

ユダヤ人の起源　シュロモー・サンド　高橋武智監訳　佐々木康之／木村高子訳

〈ユダヤ人〉はいかなる経緯をもって成立したのか。歴史記述の精緻な検証によって実像に迫り、そのアイデンティティを根本から問う画期的試論。

中国史談集　澤田瑞穂

皇帝、彫青、男色、刑罰、宗教結社など中国裏面史を彩った人物や事件を中国文学の碩学が独自の視点で解き明かす。怪力乱「神」をあえて語る！（堀誠）

同時代史　タキトゥス　國原吉之助訳

古代ローマの暴帝ネロ自殺のあと内乱が勃発。絡みあう人間ドラマ、陰謀、凄まじい政争を、臨場感あふれる鮮やかな描写で展開した大古典。（本村凌二）

秋風秋雨人を愁殺す　武田泰淳

辛亥革命前夜、疾風のように駆け抜けた美貌の若き女性革命家秋瑾の生涯。日本刀を鍾愛した烈女秋瑾の思想と人間像を浮き彫りにした評伝の白眉。

歴史（上・下）　トゥキュディデス　小西晴雄訳

野望、虚栄、裏切り——古代ギリシアを殺戮の嵐に陥れたペロポネソス戦争とは何だったのか。その全貌を克明に記した、人類最古の本格的「歴史書」。

日本陸軍と中国　戸部良一

中国スペシャリストとして活躍し、日中提携を夢見た男たち。なぜ彼らが、泥沼の戦争へと日本を導くことになったのか。真相を追う。（五百旗頭真）

カニバリズム論　中野美代子

根源的タブーの人肉嗜食や纏足、宦官……。目を背けたくなるものを冷静に論ずることで逆説的に人間の真実に迫る血の滴る異色の人間史。（山田仁史）

近代ヨーロッパ史　福井憲彦

ヨーロッパの近代は、その後の世界を決定づけた。現代をさまざまな面で規定しているヨーロッパ近代の歴史と意味を、平明かつ総合的に考える。

ちくま学芸文庫

モーセと一神教《いっしんきょう》

二〇〇三年九月十日 第一刷発行
二〇二三年三月十五日 第十三刷発行

著者 ジークムント・フロイト
訳者 渡辺哲夫（わたなべ・てつお）
発行者 喜入冬子
発行所 株式会社 筑摩書房
東京都台東区蔵前二―五―三 〒一一一―八七五五
電話番号 〇三―五六八七―二六〇一（代表）
装幀者 安野光雅
印刷所 株式会社精興社
製本所 株式会社積信堂

ISBN4-480-08793-1 C0111